品味北京话

刘一达 著
张志波 绘

中国出版集团
中译出版社

图书在版编目（CIP）数据

品味北京话 / 刘一达著；张志波绘. -- 北京：中译出版社，2025. 6. -- ISBN 978-7-5001-8167-5

Ⅰ．H172.1

中国国家版本馆 CIP 数据核字第 20252L0P00 号

品味北京话

PINWEI BEIJINGHUA

出版发行	/	中译出版社
地　　址	/	北京市西城区新街口外大街 28 号普天德胜大厦主楼 4 层
邮　　编	/	100088
电　　话	/	010-68002876
责任编辑	/	王　滢
封面设计	/	末末美书
印　　刷	/	北京瑞禾彩色印刷有限公司
经　　销	/	新华书店
规　　格	/	880 毫米×1230 毫米　1/32
印　　张	/	11.125
字　　数	/	220 千字
版　　次	/	2025 年 6 月第 1 版
印　　次	/	2025 年 6 月第 1 次

ISBN 978-7-5001-8167-5　　　定价：88.00 元

版权所有　侵权必究

中译出版社

再版·自序

北京话是说出来的

在动笔写这篇"序言"的头天晚上,我为了催眠,听袁阔成先生的评书《三国演义》,她在说庞统见刘备时,刘备问庞统:"您解哪儿来呀?"这句话让我猛然联想到北京土话。

"解哪儿来?"现在的北京人已经很少用这种口语了。"解",是老北京人挂在嘴边儿上的词儿,其实它是"从"字的发音,"解哪儿来"即"从哪儿来"。

在北京土话里,类似这种变音的词语还有很多,比如:

"我在这儿呢。"北京人说:"我挨这儿呢。"

"我一个人在家。"北京人说:"我姨乙儿在家。"

"这事您别言语了。"北京人说:"这事您别元义了。"

"这里有好多人。"北京人说:"这里有豪多人。"等等。

说起来,这些北京土话已经属于老古董了,由打上世纪五十年代,国家大力推广普通话以来,一茬儿接一茬儿的北京"新生代",说的是一口正宗的普通话,对老辈人说的土话已经疏而远之了。

近三十年，北京城市的变化可以说天翻地覆，随着城市大规模改造建设，原来住在胡同里的老北京人，逐渐地搬到三环、四环，甚至五六环以外的社区，加之外地进京谋职的人员逐年增多，老北京土话已经失去了应有的语言环境，所以，说北京土话的人越来越少，有许多老北京土话已经"寿终正寝"，没人说，也没人知道了。

语言是每座城市的重要的文脉，也是城市文化的根基，毫无疑问，它是一项重要的非物质文化遗产，当然，这个遗产现在正濒临消亡，正是出于抢救和保护的目的，笔者才在几年前编写了《北京话》这本书。

严格说，《北京话》这本书并非语言文字学术类的专著，但这是一部用京味儿语言讲京味儿语言的书，简单地说，这是一部详解北京土话的起源、历史发展、发音规律、语音特点的书。

北京是首都，普通话的标准是"以北京语音为标准音，以北方话为基础方言"的，加上北京话风趣幽默的特点，一些相声小品演员经常说一些北京土话，所以它什么时候都会引人关注。本人在写作时，也采用了轻松幽默的风格，所以《北京话》这本书出版后，受到广大读者的青睐，当年还被评为读者喜欢的好书。

这本书出版后很快售罄，出版社又再版一次。此书不但在国内市场畅销，而且在日本和东南亚地区也受到华人的关注。我的朋友到日本旅游，在东京的内山书店看到了这本书，特地拍了照片发给我。

由于此书当年在市场有些影响力，并且这几年网上也在热炒北京话，在图书市场难觅的情况下，中译出版社与作者协商决定对此书进行再版，请作者对原来的书稿重新进行了修订，补充了一些内容，使这本书的内容更加丰富，并请画家张志波先生配了插图，与此同时，将书名改为"品味北京话"，相信这本书，会受到大家的喜欢。

我算不上北京土著，我的祖籍山东，后来老祖闯关东，在辽宁落脚。我爷爷是西医大夫，在上世纪二十年代辗转来到北京，跟几位同行开办医院。我虽然出生在北京，但从小在西城的私家宅院长大，接触北京土话并不多，但是我16岁进工厂当烧炭工，师傅都是老北京人，说的是一口地道的京腔京韵。我从跟他们学徒时，就开始搜集整理北京土话，短短几年，我记录了十多本北京土话。以后，我在《北京晚报》当了24年记者，主办"社会特写""京味报道"等专版，采访了近万北京人，几乎走遍了北京的大小胡同，被北京新闻同行戏称"胡同记者"，这些都为我研究北京土话打下了深厚的基础。

说起来，我研究北京话有50多年，创作了京味儿小说14部。2017年，我的"京味儿小说语言"申遗成功，我算是京味儿语言的第四代传承人，可以说《品味北京话》，凝结着我多年研究整理北京话的心血，也是我这么多年研究北京话的成果。

黄庭坚评价自己的作品时说："文章最忌随人后，道德无多只本心。"老舍先生也说自己的创作是："付出九牛二虎力，不写七拼八凑文。"这似乎也是我写作这本书的写照。本书的内容和特点，这里就不再赘叙了，有道是开卷有益，您翻看此书，品味之后，自然会明白这不是一句虚话。

不过，在这儿我得说句掏心窝子的话：北京话不是看出来的，是说出来的。您看了这本书，懂得了北京话怎么说，那您就把它应用到生活中，但愿您品味了这本书，能说几句流利的北京话。

以上是为序。

2025 年 4 月
北京　如一斋

自序

打开鼻子说亮话

　　一般的说法是"打开天窗说亮话","打开鼻子说亮话"是北京土话。什么意思呢?鼻子能打开吗?得,作者一上来就给您出道题。答案在书里。您要能把这句话弄明白,也算开卷有益,这本书没白看。

　　老舍先生说:"北京话是活的。"写北京话当然也要让它活,这是本书的写作宗旨。

　　本书不是学术专著,所以不想玩深奥,更无卖弄学问之妙想。它只是作者研究四十多年北京话之心得,也是作者由衷热爱北京话之感悟。

　　话是人说的。语言的根在民间,语言学家采集北京话必须找老北京人。所以,谁是北京话真正的专家,还用问吗?从这个角度说,本书谈论的北京话属于最接地气的那种。

　　本书不是北京话词典,因此您不必为有些北京土话没收进来而感到遗憾。虽然这是一部写北京话的书,但作者是实操北京话的作家,当然写出来的书与众不同。

语言是思想的外衣。而语言的严谨性,使写语言类的书不能偷一点儿懒,来不得半点儿投机取巧,必须一丝不苟地面对每一句话,甚至每一个字。因为要对读者负责,任何的马虎大意都可能误人子弟。所以,写这本书要比写其他书费力。

搜集北京话如同搞收藏,让人上瘾。这本书是作者四十多年搜集北京话的积累。书稿案头,日常记录土话的小本有几十个。当作者翻出46年前的笔记时,光阴的流逝与岁月的沧桑之感,不由自主地涌上心头。

采访《北京方言词典》作者陈刚先生的时候,他告诉我:那本《词典》从1943年动笔,到1985年正式出版,花了42年时间,而《词典》只有五六万字。可见写北京话要下怎样的功夫!多年之后,认识了陈先生的公子,在北京电视台当编导的陈大立,从他那里知道陈家是福建人。一个福建人花了42年时间写北京话——前辈呀!但愿您能理解我在前辈面前肃然的感喟。

语言学是枯燥的学问。就语言写语言,您肯定不爱看。所以作者只好独辟蹊径:写的是北京话,讲的是北京人,聊的是北京城的历史文化。蹊径就是小路。在这条小路散步,您能欣赏到许多风景,也许就不觉得累了。

要把北京话写活,不能绷着脸,不能玩纯学术。本书不是采用学术专著的文体,用的是随笔方式。假如您看这本书,能找到跟作者面对面聊天儿的感觉,那作者就心满意足了。

如果本书能成为您的"三上"(枕上、厕上、路上)悦目读物，作者当然会感恩戴德。

写书是给人看的，读者永远是作者的上帝。写出的书有人看，是每个作者的期望。本书原稿约30万字，编辑说市场需要使然，最好别超15万字。作者为取悦读者，不得不抽丝剥茧，忍痛割爱。简约而不简单，但愿您在书中能找到沙里淘金的感觉。

本书的京味儿没的说。一个用北京话写了60多部书的人，对北京话道不出个幺二三来，那不是棒槌了吗？如果说从他嘴里吐出来的是牙慧，那么他笔下的文字当然会有珠玑，但愿您在书中能捡拾到。

有关北京话的书很多，从早年齐如山的《北京土话》，到后来徐世荣的《北京土语词典》，以及再后来的种种。纵观这类书，多为对土话的注解，而对北京话的探源、发展以及北京话的特点、应用等方面论及得很少。因此多年来，一直想对北京话做一个全面的梳理，本书算是作者交卷了。

北京话算是"国语"，了解或学说北京话的意义毋庸置疑，所以本书面向的是全国读者。您翻两页就知道，本书是以介绍北京文化为主的，因此它的可读性并不只局限在北京话上，这也许是您有欲望看此书的重要理由。

作者本想再沉几年写此书的，无奈北京城的变化忒快，说北京话的人越来越少，更没想到北京话已经成了需要抢救和保护的对象。2016年，北京市教委还把"北京话进校园"作为一项基础教育工程。所以，本书的出版当属及时雨。

北京文化博大精深,高手永远在民间。一个人的能力有限,要把北京话写全,写透,是一个系统大工程。不过,作者已尽最大努力。本书的出版是作者用功的结果,字字心血凝成,问心无愧于每位读者。想想,这也就知足了。

余言不赘,以上是为序。

2016 年 8 月 18 日

北京　如一斋

目录

第一辑　寻根探言 /1

　　1. 谁是北京人 /3
　　2. 老北京的"八"字 /8
　　3. 根儿是哪儿，话就是哪儿 /13
　　4. 变来变去的北京地盘 /17
　　5. 燕国为什么要说"烟国" /21
　　6. "蓟"原来是"刺儿菜" /24
　　7. 北魏"国语"里的北京话 /28
　　8. 北京话里的大同方言 /30
　　9. 析津府的"幽州话" /35
　　10. 金中都与"幽燕语" /39
　　11. 元代的"官话"与方言 /42
　　12. 元杂剧与"官话" /45
　　13. 元大都人就说"胡同儿" /49
　　14. 明初五方杂处的北京话 /52
　　15. 明代的"正韵"与话本小说 /57

16. 清末的京腔儿旗人话 / 62

17. 王照力排众议选"国语" / 66

18. 普通话的标准来之不易 / 69

第二辑 有典有故 / 73

19. 努尔哈赤看《三国》 / 75

20. 康熙皇上喜欢说汉语 / 78

21. 乾隆爷也说北京话 / 80

22. 说不完的《红楼梦》 / 82

23. "北京话是全中国最优美的语言" / 86

24. 《金瓶梅》与《红楼梦》的语言 / 89

25. "窝囊人"写出"英雄传" / 94

26. 《儿女英雄传》里的北京话 / 99

27. "北京话是活的" / 105

28. 萧乾的京腔一辈子没改口儿 / 111

29. "穷不怕"的相声与"江湖口" / 116

30. 相声名家当语言学教授 / 120

31. 侯宝林也爱玩"现挂" / 123

32. 那志良听相声催眠 / 127

33. 老舍夫人的"燕语莺声" / 130

34. 看戏北京人说"听戏" / 134

35. 翁偶虹的"洗练"北京话 / 139

36. 老爷子幽默玩"冬眠" / 142

37. 跟启功笑谈"鬼市" / 145

38. 启功的幽默张嘴就来 / 149

第三辑　韵味绵长 / 155

39. 先有京腔儿，后有京味儿 / 156

40. 京腔儿不是装出来的 / 160

41. "京白""韵白"是两码事儿 / 163

42. "京片子"嚼的是味儿 / 166

43. "曹操"发怵儿化韵 / 168

44. 什么情况要用儿化韵 / 173

45. 约定俗成的地名儿化韵 / 175

46. 儿化韵有一定之规 / 180

47. 儿化韵的困惑 / 184

48. 池子里"跑"着呢 / 187

49. 北京话与保定话的儿化韵比较 / 190

50. 笑当"张飞"的"二流" / 194

51. 有嚼头儿的俏皮话 / 199

52. "五一九"之夜抖机灵 / 203

53. 修车的说自己是"拿破轮" / 208

54. 慈禧赐名的"咯吱"不靠谱儿 / 212

55. 老北京人"卖山音儿" / 218

56. 北京话的含蓄与委婉 / 220

57. 损人不带脏字的北京话 / 224

58. "走"字敢情是大忌 / 228

59. "死"有上百种说法 / 231

60. "老炮"原来是"老泡儿" / 235

61. 北京话的轻声"音变" / 238

62. 让人莫名其妙的"变音" / 240

63. 您知道祈年殿念"旗年殿"吗 / 244

64. "自来红"变成了"自啦红" / 248

65. 北京话张嘴"吞"字儿 / 252

66. "我脚着"是啥意思 / 255

67. 北京话里的讹化字 / 258

68. "话佐料"与口头语儿 / 261

69. 词尾后缀并非可有可无 / 266

70. 说着顺口儿的"四字格" / 269

71. "倒装句"您肯定说过 / 272

72. 京城独有的方言土话 / 275

73. 假如生活"户哝"了你 / 279

74. 北京话里的"土音儿" / 281

75. 北京土话中的满语 / 285

76. "䁖䁖"原来是外语 / 289

77. 串了"秧儿"的外来语 / 292

78. 带"洋"字的土话"欧喔"了 / 296

79. 被光阴"埋葬"的土话 / 299

80. 什么叫"姨以儿挨家" / 302

81. "把墙挂在枪上"的平谷话 / 306

82. 延庆话"机密"是明白 / 309

83. 流行语玩的就是"流行" / 313

84. 流行语也会成"流星语" / 318

85. 网络语言对北京土话的冲击 / 322

86. "热词"是为抓眼球 / 325

87. 年一过"词儿"就凉 / 327

88. 热词是由北京话衍化的 / 330

89. 北京话的几个特点 / 333

90. 学说北京话并不难 / 337

第一辑 寻根探言

1. 谁是北京人

北京人把追根溯源叫"捯根儿"。对北京话捯根儿,就跟对北京人捯根儿一样,是一件"扯不清理还乱"的事儿。

为什么这么说呢?

因为历史上,北京就是一座移民城市。首先,"北京人"就是个模糊概念,因为北京人来自不同地区、不同民族,根儿在北京的人非常少。

我曾在一篇文章中举过一个例子:朋友聚会,饭桌上坐着十个人。您如果跟大伙儿盘道:"您是哪儿的人?"

可能有八个人会说:"我是北京人。"

是呀,他在北京有房,有车,有工作,有孩子,有户口,怎么能说他不是北京人呢?

但是如果您接茬儿问:"您的老家是哪儿?"

可能这八个人里会有六个告诉您:"我老家是河北。""我老家是山东。""我老家是江西。"等等。

您要是追着问:"您家在北京几辈儿了?"

估计他们当中，能说出超过三辈儿的人都不多。

当然，有的老北京人会说，自己是满族，老祖在旗，老家地起（压根儿）就在北京。

但他说的这个"地起"，也是应该打引号的。因为满族人的根儿在"白山黑水"（长白山、黑龙江），清朝进关到现在，也就是300多年。

故宫博物院原院长单霁翔说："经常有人问我：你是哪里人？每当此时我都要啰唆一番：我的籍贯是江苏江宁，出生在辽宁沈阳，成长在北京。您说我是哪里的人呢？"籍贯地、出生地、成长地，过去对于大多数中国人来说，都会十分明确地指向故乡，但是城市化进程加速以后，人们的空间归属发生了很大变化，过去一句就可以回答的简单问题，变得复杂起来。

在现实生活中，像单先生这种难说自己是哪儿人的不知有多少。单先生说他出生3个月，就被母亲抱着来到北京，而且在北京生活了60年，但填表时，仍然不能写自己是北京人。

单先生刚在北京工作时，我就认识他。那时，他从日本学习回来不久，正着手研究历史文化街区的保护问题。我当时在北京市委统战部工作，一连两次在座谈会上听过他的发言，还在会后跟他聊过天儿。

因为我是在西单辟才胡同长大的，单先生当时还住在云梯胡同，这是辟才胡同套着的小胡同，离我家不远，我们算住过邻居，所以还有的聊。

虽然他说自己不算北京人，但我们聊天儿时，他说的是一口流利的北京话，时不时还会蹦出一两句北京土语。

他曾经问我是哪儿的人，其实，我跟他的情况差不多。"我的祖籍是山东潍坊。我爷爷那辈儿，才到的北京。"我如实相告。

他听了，对我会心一笑，好像当时我们就对"谁是北京人"的说法有同感似的。

因为北京人的概念太含糊了，所以，说自己是北京人时得先琢磨一下。前几年，我写过一本书叫《有鼻子有眼儿》，书里有"谁是北京人"的章节，专门论述了这个问题。

在北京工作了几十年就是北京人吗？有北京户口就是北京人吗？在北京出生的就是北京人吗？严格地说：是，也不是。

虽说北京是六朝古都，但历史上它就是一个朝代不断更替，人口不断流动的移民城市。

那到底有没有纯种儿的北京人？有！70多万年前的北京人，绝对是正根儿，但那会儿的人，可还是猿人呢！

说到北京人，自然会说到北京话。虽然北京话是普通话的"母语"，但是地道的北京话，尤其是北京的方言土语，跟普通话还是有很大差别的。

当然，即便是北京人，居住的地方也不一样，有的住在胡同，有的住在机关宿舍，有的住在部队大院，有的住在厂区（如东郊、南郊），有的住在城里，有的住在城外，有的住在南城，有的住在北城。居住区域的不同，说话也有所区别，比如南城和北城的人说话就有些微差异。当然,北京是首都,在北京当官的、上学的、做买卖的人很多,有的南方人在北京工作生活了几十年,应该算是北京人了吧,但依然保持着乡音,普通话都说不利落,更不用说北京土话了。

什么是北京话?跟北京人一样,来自各地不同的方言土语凑到一块儿,就成了北京话。但这"凑一块儿",可不是凉拌菜的"拼盘儿",也不是北京小吃"卤煮",它的形成是一个漫长的历史过程。

北京话,像是一坛陈酿了几百年的老酒。不,几百年不够味儿。至少3000多年了!

第一辑　寻根探言　7

代表北京文化的莫过胡同，这里京味儿装得满满的。

2. 老北京的"八"字

说到老北京人，人们自然要说到北京的旗人。所谓旗人，就是属于"八旗"下的人。说到这"八旗"，又不能不说到老北京的"八"字。

您得看准了，这儿说的可是"八"这个数儿，而不是算卦的阴阳先生说的那个"八字儿"。过去用天干地支表示人出生的年、月、日、时，合起来是八个字，所以叫"八字儿"，但这个"八字"要儿化韵。

也许跟道家的"八仙过海，各显其能"有关，老北京人特迷信"八"这个数儿，什么事儿总要凑成"八"。

比如说吃：老北京管会吃的美食家叫"八方食圣"；餐饮业有"八大菜系"之说；老北京有名儿的鲁菜有"八大楼""八大居"；淮扬菜有"八大春"；最有名儿的宴席是"八珍席"，"八珍席"又分"山八珍"和"海八珍"。

一般的席面儿讲究"八大碗"，还有甜品"八宝饭"；老北京的酱菜园酿制的有名儿的小咸菜叫"八宝菜"；点心铺的点心有"大八件儿""小八件儿";此外还有"八大名酒";评选北京小吃,也要搞"八大名小吃"。

风物景观有"燕京八景";西山有"八大处",即八座古刹;皇家园林有名儿的是"三山五园";道教的圣地有"三山五顶",三和五加一块儿还是"八"。

京城的工艺美术行业有"燕京八绝";药行有"八大堂",布行还有"八大祥";天桥的民间艺人有"八大怪";说相声的有德字辈儿的"八德";演唱岔曲用的是"八角鼓";起个地名要用"八道弯儿""八里庄""八里店""八里河""八里桥";此外,还有"八王坟";老北京的红灯区有"八大胡同",等等。

老北京的寺庙还有"大八庙""小八庙""内八庙"和"外八庙"。所谓"外八庙",即紫禁城外的八座庙。

可能诸位对京城的"外八庙"有所不知,我特罗列如下:宣仁庙(风神庙)、凝和庙(云神庙)、普渡寺、真武庙(又叫玉钵庵)、昭显庙(雷神庙)、万寿兴隆寺、静默寺、福佑寺(雨神庙)。这八座庙宇几乎都在南长街、北长街和南池子、北池子。

在老北京,居家过日子要有桌椅,迎门放着的桌子叫"八仙桌";过去北京人写信的信纸,大都用直线分成八行,所以那会儿的书信,又叫"八行书";老北京人正式结婚之前先要订婚,订婚的帖子叫"八字帖儿";媳妇过门儿坐的轿子叫"八抬大轿"(八个人抬的)。

老北京管朋友的交情深,叫"八拜之交";比喻要办的事还没有眉目，北京人会说"八字还没一撇呢"；形容什么事儿哪儿不挨着哪儿，叫"八竿子打不着"。

您瞧，生活中有多少离不开的"八"字呀！

清军以"旗"建制亦不例外，也分为"八旗"。其实是黄、蓝、红、白四种色儿，但为了凑这个"八"字，分为镶了边儿的和不镶边儿的，变成了正黄、正白、正红、正蓝、镶黄、镶白、镶红、镶蓝。其中镶黄、正黄、正白为上三旗，而在清入关之前，镶黄旗只属于皇帝一人（有关"八旗"，还有别解）。

"八旗"制度外，还有皇族亲、郡王亲等世袭罔替的"八家铁帽子王"。满洲旗人有"八大姓"：钮钴禄氏（郎）、瓜尔佳氏（关）、舒穆禄氏（舒）、那拉氏（分叶赫和辉发，最初都是地名）、完颜氏（王、金）、富察氏（傅）、费莫氏（费）、马佳氏（马）、章佳氏（章）。实际上是九姓，但费莫和马佳是一族，所以成了"八姓"。

汉军八旗还有"八大家"，即为大清国立国建过功的八个汉族姓氏：尚、耿、石、李、佟、祖、蔡、王。

这儿给您补充一句：所谓在旗或旗人，并不都是满族人，还有编入"八旗"的汉族、蒙古族、回族等，例如清末陕西巡抚升允是俄罗斯族人，末代皇帝溥仪的皇后婉容是达斡尔族人。

因为这本书聊的北京话，所以再让您长点儿学问：由于早年间，"八旗"在京畿（读 jī，古代靠近国都的地方叫"畿"）各地都有驻军，所以留下了"厢（应该写成'镶'）红旗""正蓝旗""正黄旗""西二旗"等地名。

现在有些人不懂其意,"正蓝旗"的"正"给念成了 zhèng,连公交车报站也发这个音。看上去,一点儿错没有,其实是大错特错了。

因为所谓"正蓝旗",是整个儿的旗子都是蓝的。而"镶蓝旗"是镶着边儿的蓝色的旗子。所以"正蓝旗"的"正"必须念 zhěng。

需要说明的是,广东人也喜欢"八"字,因为粤语"八"的谐音是"发",说这个字有讨吉利能发财的寓意。老北京人也喜欢讨口彩,不过,这个"八"字,跟"发财"没关系。

因为北京话的"八",发音不是"发"。"八"是个吉利数,北京人喜欢"八",跟"四平八稳"的心态、"八仙过海"的风习有关。

满人的生活

3. 根儿是哪儿，话就是哪儿

闲话少叙，单说老北京人的"老"，远了不说，就说离现在比较近的清代吧。当时的内城，大体也就是现在二环路以里的地界，都住的是"八旗"，按"旗"划分居住的区域。

没有旗籍，也就是说不是旗人，您的官儿再大，比如纪晓岚、曾国藩、林则徐、李鸿章，也得住到外城。外城的人也算北京人，但归谁管呢？

原来当时的京城设有顺天府，下辖两个县：一个是大兴县（衙门最早在西城，后来改在东城，就叫大兴县胡同，后改为大兴胡同）；一个是宛平县（就是现在离卢沟桥不远的那个古城），外城的人都隶属这两个县，东边的归大兴，西边的归宛平。

所以，您现在看到一些在京城住了七八代的老北京，籍贯却不是"城"里。如文化名人齐燕铭、罗常培，其籍贯一个是大兴人，一个是宛平人。您别以为他们是现在的大兴区人或丰台区人，人家二位正经八百是北京的城里人。

齐燕铭先生的名字，带出了他是哪儿的人。其实他是蒙古族，姓齐利特。这位京籍文化名人，曾在延安"鲁艺"当过教员，并在那里参与主持创作了平剧《逼上梁山》和《三打祝家庄》。这两出戏让他出了名，受到毛泽东的赏识。他后来从了政，当过政务院（国务院前身）的副秘书长、总理办公室主任、文化部副部长、统战部副部长等要职。

罗常培先生，字莘田，号恬庵。满族正黄旗人，姓萨克达。在这儿得多说他几句。为什么？因为他是著名的语言学家。

他毕业于北京大学，后又在北京大学教语言学。20世纪50年代，他参与筹建中国科学院语言研究所，并出任第一任所长。他还参与了《汉语拼音方案》的制定，与赵元任、李方桂并称中国早期语言学界的"三巨头"。

有意思的是，罗先生跟著名作家老舍先生是"发小儿"。当时老舍家住新街口的小羊圈（后改小杨家）胡同，10岁的时候，由私塾转到西直门内大街高井胡同口儿的两等小学堂三年级，跟罗先生正好一个班。两个人放了学，常到新街口的书茶馆听书，吸收老北京文化的营养，后来他俩又在北京三中念书，是中学同学。

俩人都是旗人，又志趣相投，自然成为莫逆之交。罗先生还是老舍的大媒。1931年，他把在北师大国文系毕业的胡絜青，介绍给在济南齐鲁大学教书的老舍，俩人结为秦晋。

老舍先生早年在英国教书时，用业余时间写了自己的第一部长篇小说《老张的哲学》，寄给罗先生指点。罗先生的专业是音韵学和语言学,他说:"我本不是作家,老舍让我审他的稿子,未免问道于盲。"于是,一向谦和的他把老舍的小说拿给有"中国现代白话文小说第一人"之称的鲁迅先生。

鲁迅是绍兴人,北京话说得不太到位,但对老舍先生用地道的北京话写的第一部小说,还是给予肯定。虽然比较客气地说技巧还有可以商量的地方,但京味儿文学语言的特色,还是给他留下深刻印象。鲁迅对老舍小说评价的原话是:"地方色彩浓厚,但技巧尚有可以商量的地方。"小说后来在当时的《小说月报》连载。

老舍先生对罗先生一直非常敬重。因为罗先生是研究语言的,老舍是运用语言的,所以老舍先生说:"莘田是学者,我不是。他的著作我看不懂。"您从两位先生的客气劲儿就能看出,老北京人是多么看重研究北京话的人。

齐先生和罗先生,包括老舍先生,应该算地道的老北京,所以,走到哪儿,都说自己是北京人。

当然还有另一种情况,在北京住了几辈子了,还念念不忘祖籍,不认自己是北京人,如著名收藏家王世襄和朱家溍先生,一个祖籍福建福州,一个祖籍浙江萧山。

我跟二位大家颇熟,他们生前,我多次采访过。二位都是北京生北京长的,但并不认为自己是北京人。别人问起他们是哪儿的人,王先生总是笑呵呵地说自己是福建人。朱先生也谦和地笑道:"我是浙江人。"其实两位的祖上都在京城做过高官,而且已然世居。

类似的还有老北京有名的大商人,如盐商查氏,也就是作家金庸先生的老祖，本籍是大兴，但祖籍是浙江海宁，在北京住了几辈子，人家到什么时候也说自己是海宁人。老"同仁堂"的乐家也如是，乐家人从明末清初就到北京了，但世居多少代，依然说自己是浙江宁波人。

这些根儿在南方的北京人，世居京城几代了，身上也是京味儿十足，如王世襄先生是京城有名的大玩家，但他们在宅门内，其日常起居、生活习惯等方面，依然保持着南方人的一些习俗。

至于他们平时说什么话，当然是北京话。但他们说的北京话里也杂糅着一些乡音，因为平时在家里，他们的父辈说的是家乡话，代代相传，保留着一些乡音在所难免。俗话说：最难改的是乡音，真是一点不假。

您瞧北京人的构成是不是挺复杂？其实北京话的形成过程跟这个差不多。换句话说，北京话是棵大树，虽然它是在北京的地界长起来的，但它并不都是北京人撒的种儿。

为什么这么说呢？因为北京人就是在北京这地界不停地流动。

4. 变来变去的北京地盘

用"铁打的营盘,流水的兵",来形容历史上的北京城,有点儿夸张,但历史上北京城经历的多次改朝换代,确实使北京的人口如"行云流水"一般的变化。

跟一些老北京人聊天儿,挂在嘴边儿的还是内城和外城、城里和城外呢,殊不知这一概念早在20世纪80年代,就已经模糊了。到现在不是模糊,是清晰了。两个字:没了!

换句话说,现在的北京已经没有内城和外城、城里和城外的概念了。而十多年前,昌平区的人进城,还说我要去趟北京呢。

为什么老北京人习惯称内城和外城呢?原来清朝的北京城实行的是满汉分置。这种规制直到辛亥革命清政府倒台才取消,所以老北京人在问住家时,往往要问:"您住哪城?"

其实,城的概念并不确定,因为从1912年民国政府成立以后,北京城的区划变动过无数次,北京城的概念也一直处于外延不断扩张状态,就连城市的名称也变了几次。

1912年4月,民国政府定都北京时,北京叫"京师",下设"顺天府",辖24个县,归直隶省管辖。两年以后的1914年10月,废除了"顺天府",北京改叫"京兆地方",简称"京兆",下辖大兴、宛平等20个县。

1927年,国民政府建都于南京,北京不是首都了,改成北平特别市,名字也不叫"京兆",改叫北平了。1928年,北平作为特别市,直属南京国民政府行政院管辖,原来"京兆"所辖大兴等20县,划归给了河北省。

当时的北平仅限于内城和外城以及邻近的郊区,面积仅716平方公里,还没有现在昌平一个区(1343平方公里)的面积大。

面积小不说,两年以后,即1930年6月,北平的地位"咔嚓"一下,降了好几格,不叫特别市,改叫北平市了,划归到河北省,并一度成了河北省的省会。

但不到一年,北平又改为南京政府行政院的直辖市,河北省的省会迁到了天津。

直到1949年新中国成立时,北京作为行政区仍然是"城"的概念。1949年2月,北京的城区划分为12个区。1952年9月,北京的城区调整为7个区,即:东单、东四、西单、西四、崇文、宣武、前门。这时才有真正意义上的行政区的划分,北京城也才有"城区"的概念。

但这会儿的北京城面积非常小,1952年,从河北省把宛平县和房山、良乡部分地区划入北京,面积才有3216平方公里。

为了确立北京作为首都的地位，在随后的几年，北京城的面积开始大规模"扩张"。1956 年，经国务院批准，将河北省的昌平县划归北京，改为昌平区。

1957 年，将河北省的大兴县新建乡划归北京的南苑区，1958 年 3 月，把河北省的通县、顺义、大兴、良乡、房山 5 个县和通州市划归到北京。

这一年的 10 月，国务院又决定将河北省的怀柔、密云、平谷、延庆 4 个县划归到北京。至此，北京市的面积增加到 16807.8 平方公里，人口达到 631.8 万人。当然，这之后北京的行政区划又经过了若干次的调整，但面积没再增加。

看到这儿您也许就明白了，现在北京的大部分郊区县，原来是属于河北省的，所以，北京话有郊区音儿也就不足为奇了。

直到北平解放，中华人民共和国在北京建都，才相对稳定。但人口却一直在流动。尤其是改革开放以后，北京确定要建成国际大都市，人口以每年七八十万的速度在增长，到 2015 年，官方公布的人口数已达 2300 万，这还不算上千万的流动人口。而我小的时候（20 世纪 60 年代），北京的人口很长时间保持在 800 多万。

当然，改革开放后，北京城的变化也是翻天覆地的。三十多年前，现在的二环路以外就是城外了。我上小学时，学农劳动去过玉渊潭公社下面的村捆过大白菜，当时的菜地就在老中央电视台的地方，现在这里已经是市中心了。

到 2016 年，北京市区的范围已经扩大到五环外的回龙观、天通苑、通州、门头沟和大兴的黄村了。

2023年，国务院批准了《北京城市副中心扩展区规划（2021—2035年）》。到2024年初，北京市委、市政府、市人大、市政协"四套班子"和政府的主要办事机构，已经正式迁到通州的城市副中心。与此同时，随着老城区的改造，大批市区居民被转移到五环以外的社区，这种迁移，将使北京的城市格局发生历史性的变更。

话是人说出来的，北京人变化这么大，能对北京话没影响吗？事实上，历史上北京城的变迁，对北京话的形成产生了重大影响，也使北京话成为北方地区具有代表性的方言。

但是这种方言在北京已经根深蒂固了，要想改变它，一个字：难！

实际上，北京城在不断地变迁，北京人也不断地流动，但铁打的北京城，流水的北京人。北京城万变不离其宗；北京话呢，也是万变不离其宗。您琢磨琢磨，看我说得对不对？

5. 燕国为什么要说"烟国"

北京城的建城史可以追溯到3000多年前的周代，当时属燕国。为什么叫燕国呢？因为它的北部是燕山，以山得名。

此外，早在周代之前的商代，古幽州这地界有一个强大的部族就叫燕。在河南安阳出土的甲骨卜辞中，有此记载。燕国的地界在今天的河北省北部和辽宁省南部。

在春秋战国时代，燕国算不上大国，但因为出了一个大名人荆轲，至今还让人津津乐道。

燕国的太子丹干吗要派荆轲，大老远地跑陕西那地界去刺杀秦王呢？敢情他知道秦国要灭燕国。当时的秦国已经强大到逮谁灭谁的地步了，太子丹实在是没辙了，才玩了这个险招儿。但最后还是"风萧萧兮易水寒，壮士一去兮不复还"。不但荆轲没"复还"，燕国也被吞并，再也"不复还"了。

值得一说的是这个"燕"字，一定要读 yān。现在很多人往往把这个"燕"字读成 yàn，如"燕京""燕山"，读成

"艳京""艳山",这就猴子吃麻花,满拧了。"燕"字发"烟"的音,还有姓燕的燕,您也不能念成 yàn。

有城就得有人,有人就得说话。那会儿的燕国人说的是什么话,发的是什么音儿,现在谁也说不准了,因为当时没有录音机,更没电脑和微信,现在的人只能去遐想了。

您也许知道仓颉造字的传说。当然,因为年头儿太久远了,又没留下文字记载,所以仓颉造字只能是传说。

其实那会儿,甭管是秦晋,还是齐楚,各地都有自己的方言土语。秦始皇统一中国,实行"书同文",但他"同"的只是文字。统一各地的方言土语,秦始皇没这么大本事。

大多数语言学家认可"雅言"是古时的通语,犹如今天的普通话,同"方言"对称。尽管"雅言"不可能统一各地的方言,但起码那会儿,已经有了文字的基本发音标准,比如天、地、人,怎么发音,在那会儿已经确定了。至于中原的人怎么念,南方的人怎么念,那是口音上的区别。

由此可知,燕国人当时说的话,也是以"雅言"为标准的。有人认为这是最早的北京话,这并非主观臆断。这也是燕国要读"烟国"的原因。

"燕京八景"之一：蓟门烟树

6."蓟"原来是"刺儿菜"

北京这地界属燕国,当时的地名是蓟,而且还是燕国的都城,当然它跟后来的北京城不是一个观念。您看准了,这儿说的是"北京这地界"。

20世纪70年代,考古工作者在今天北京的房山区琉璃河镇东北的董家林村周围,发现了西周时代燕国都城的基址和燕侯家族墓地,有考古专家认为当时这里就是燕国都城"蓟"。

这个"蓟"字,按《新华字典》的解释是:"多年生草本植物,茎叶多刺,春天出芽,花紫色,可入药。"

"蓟",实际上就是一种野菜,北京人管它叫"刺儿菜"。我小的时候,每到开春,母亲常带着我们到城外采野菜。

那会儿的北京城区非常小,出了现在的二环路就是城外了。当时的阜成门还有城墙和护城河,出了阜成门可以看到一片一片的野地,春天,地里到处是这种"刺儿菜"。难怪古代的人把北京这地界叫"蓟"。

人们现在到饭馆吃饭,喜欢点几样野菜尝尝鲜儿。您别以为老北京人对野菜情有独钟,野菜哪有人种的"家菜"好吃呀?那会儿的北京人不是生活困难吗?再说春天吃野菜也有"咬春"的说法。但说老实话,刺儿菜虽然没什么邪味儿,但并不好吃,叶子上的小刺儿还挺扎嘴。

不过,这难不倒会过日子的北京妇女。"刺儿菜"有好几种吃法,洗干净用开水焯一下,裹上面,上锅蒸熟了吃,别有风味。把它洗干净,直接蘸黄酱或者甜面酱,也是一种吃法。当然,拿三合油(酱油、香油、醋),砸上蒜,直接拌着吃也行。药书上说,吃这种野菜能败火消炎,生津止咳,养肝明目。

燕国时,刺儿菜的学名就叫蓟(jì),现在依然是这个发音,但不知道那会儿的人吃不吃这东西。

当然,那会儿的有些汉字,到现在发音已经发生了变化,您在读汉赋或唐诗时,会发现很多诗句的平仄和韵脚对不上,比如:

> 远上寒山石径斜,白云生处有人家。
> 停车坐爱枫林晚,霜叶红于二月花。
> ——杜牧《山行》

> 春城无处不飞花,寒食东风御柳斜。
> 日暮汉宫传蜡烛,轻烟散入五侯家。
> ——韩翃《寒食》

这两首诗里的"斜"字，在古代都读 xiá，音"霞"。

此外，杜牧《山行》里"白云生处有人家"的"白"字，在古代要读 bó，音"脖"。

"停车坐爱枫林晚"的"车"字，在古代要读 jū，音"居"。

类似的诗句还有很多，如：

李白："人生在世不称意，明朝散发弄扁舟。""扁"不念 biǎn，要读 piān，音"篇"。

高适："忆昨相逢论久要，顾君哂我轻常调。""要"不念 yào，要读 yāo，音"腰"。

白居易："失却少年无处觅，泥他湖水欲何为。""泥"不念 ní，要读 nì，音"逆"。

和凝："香云双飐玉蝉轻，侍从君王苑里行。""从"，不念 cóng，要读 zhòng，音"众"。

李商隐："徒令上将挥神笔，终见降王走传车。""令"，不念 lìng，要读 líng，音"灵"。

刘皂："客舍并州已十霜，归心日夜忆咸阳。""并"，不念 bìng，要读 bīng，音"兵"。

杜牧："砌下梨花一堆雪，明年谁此凭栏干。""凭"，不念 píng，要读 bìn，音"鬓"。

杨炎："玉山朝翠步无尘，楚腰如柳不胜春。""胜"，不念 shèng，要读 shēng，音"生"。

苏轼："黑云翻墨未遮山，白雨跳珠乱入船。""跳"，不念 tiào，要读 tiáo，音"条"。

此外，还有一些字的发音，也有很大区别，如：

一骑绝尘的"骑",要读 jì;浑身解数的"解",要读 xiè;将进酒的"将",要读 qiāng;保障供给的"给",要读 jǐ;四处游说的"说",要读 shuì;否极泰来的"否",要读 pǐ;空城计的"空",要读 kòng。

东北人管家里来了客人叫"来且了"。"且",是客人的意思。老北京话也把客人说成"且"。但"且"跟一般的客人有所区别。"且",指在家里住的客人。

其实,"且"这个字,在《雅言》里就发这个音,但字义却不同。当时的字义是暂且、姑且,此外也可做副词:尚且,并且,如"且慢,听我把话说完。""且听下回分解。"

后来,这个字又有了引申义,即持久的意思,如现在的北京话:"他在这儿且呆着呢。""他且得忙呢。"再后来,"且"字在北京话的口语上又有了变化,比如:"您且哪儿来呀?""我且东边儿过来的。""且"字变成了"从"的意思。

可见,当时燕国的话有一部分也传到了现在。换句话说,现在的北京话如果捯根儿,可以捯到西周燕国的时代。

7. 北魏"国语"里的北京话

从春秋战国到秦汉，再到魏晋，虽然北京的地名换来换去的，但基本还是稳定的，而且居民也以汉族为主。可是到了南北朝，北京这地界便开始不消停了。

司马氏建立的晋王朝（分西晋和东晋，265—420年）之后，中国进入了南北朝时期。起源于鲜卑山的鲜卑族经过几代人的努力，在公元439年灭了北凉，统一了北方，建立了北魏。

北魏的统治者拓跋氏，基本上是以汉文化立国的。北魏的开国皇上道武帝拓跋珪，非常崇尚汉文化，他在山西平城（今大同）建立魏国后，便以平城方言，也就是汉语当成了"国语"，而把他们老祖宗的鲜卑语称之为"北语"。

当时老百姓书写的文字就是现在的汉字，您看魏碑上的字多漂亮，而且后来魏碑在书法上也自成一体。

写的是汉字，说的话呢？据语言学家考证，北魏的"国语"是平城方言与中原和北方方言相融合的通用语言。当时北京这地界属于北魏，自然那会儿的北京人说的也是这种以平城方言为基础的"国语"。

记得当年，我跟红学家周汝昌先生聊天儿，说起北京话的起源时，他对我说："你知道吧，北京话来自山西？"

"是吗？"我虽然有些疑问，但基本上认同他的观点。不过，我当时想到的是明初的大移民，想到的是山西洪洞县的大槐树。直到后来查阅史料，才知北京话的源头在北魏的拓跋氏这儿。

当时的北京话，或者说当时的"国语"发的是什么音，到现在没有样本作依据，但从格律诗押韵的韵脚来看，应该与汉唐及北魏建国前的魏晋时期的"官话"变化不大。

8. 北京话里的大同方言

拿山西大同话往北京话里掺和，确实让人觉得不着调（diào）。因为北京话属于北方方言，山西话则与陕西、甘肃、宁夏、青海及内蒙古的一部分地区的话相近，属于西北方言。

100元纸币刚面世的时候，北京流行过这样一个段子：

一个外地人在北京坐公交车买车票，拿出一张面值10元的纸币，伸到售票员面前说："见过吗？"

售票员一听这话，心说：嘿，这不是跟我叫板吗？他陡然色变，立马儿掏出一张面值50元的票子，在这位乘客面前晃了晃说："你见过吗？"

那个外地乘客不明就里，依然拿着那张10元的纸币说："见过吗？"

售票员急了，"嗖"地从兜里掏出一张板儿新（非常新）的100元纸币，得意洋洋地在他面前晃了晃说："你见过这个吗？"

那个外地乘客又说了两句"见过吗"，一看车进站了，懊恼地说"快让我下车吧,我到站了!"

车上的人一看站牌是建国门,这才明白他说的"见过吗",其实是"建国门",不由得哄堂大笑。

这位老兄就是大同人,您说大同话跟北京话的差别有多大吧?

大同人说话的口音确实比较重,比如:

真的,大同话是"征的";

分了,大同话是"疯了";

金银,大同话是"经营";

春分,大同话是"冲锋";

遵循,大同话是"棕熊";

一群人,大同话是"一穷人";

不赖,大同话是"不累";

没赔,大同话是"没牌";

不借,大同话是"不贱";

茄子,大同话是"钳子";

不全,大同话是"不瘸";

悬,大同话是"穴",等等。

研究大同话非常有意思,大同话也有儿化韵,比如:"小盆""小碗""小口袋",也说成"小盆儿""小碗儿""小口袋儿"等。但有些动词,如"上""下""进""出""过""回""起""醒"等,如果后面用到"来"字,就省了,加儿化韵和"啦"字。比如:"上来了",大同话说"上儿啦";"进来了",大同话说"进儿啦";"您们",大同话说"您儿们",跟北京话区别很大。

  但大同话中的许多方言和说话的词缀，跟北京话是非常接近的，比如："不用"，用北京话说是"甭"，大同话也是"甭"；"很"字，北京人习惯说成"挺"，如"很多""特多"，北京人要说"挺多"；"很美""特美"，北京人要说"挺美"。大同人也这么说。

  此外，有些词缀，大同话跟北京话也是相同的。比如"忽"字，大同话有"忽闪（shan）""忽悠""忽颤"等词，这些词不也是北京人常说的吗？

  再比如"哒"这个字，在大同话里经常做词缀，如"磕哒""蹦哒""甩哒""遛哒""拍哒"等，与北京话基本相同。

  大同话里常用到"可"字，形容程度之好坏，有非常怎么样的意思，如：疼，说"可疼了"；冷，说"可冷了"；甜，说"可甜了"。这跟北京话也没什么两样。

  跟北京话相同的方言还有：

跟前——面前；

活泛——灵活；

拢共——总共；

晌午——中午；

忽悠——煽动；

烧心——醋心；

豪些——很多；

缕续——陆续；

营生——工作；

眼涩——疲倦；

放泼——撒泼；

窭气——小气；

取灯——火柴；

临完——到最后；

甭价——不要，不用；

由头——理由、借口；

大头——缺心眼儿；

愣壳——愣头愣脑；

没调——不着调，不靠谱；

跟脚——鞋穿得合适；

衣兜——衣服口袋儿；

摠布——洗锅碗用的抹布；

介壁（北京话加儿化韵）——隔壁；

可世界——到处；

山旮旯儿——山沟；

来不来——动不动；

平不塌——不突出；

款款地——轻轻地；

老疙瘩——最小的孩子；

半不拉——进行了一半；

二不大——不大不小；

二尾（yǐ）子——两性人；

定会儿（北京话：愣会儿）——呆一会儿，定定神；

可可儿的——正好；

天擦黑了——傍晚；

大天早起——早上；

趿拉板儿——拖鞋；

黑不隆冬——天黑；

光不溜溜——光滑；

稀里哗啦——随便；

二不愣登——不在乎；

七老八十——年龄大；

山声野气——嗓门大；

骚眉辣眼——风骚之态；

归里包总（堆）——满打满算；

拐七趔八——走道不稳；

哼（喝）五喝（吆）六——瞎咋呼，呵斥人；

酸不溜丢——说话拿腔拿调；

清汤利（寡）水——汤里没什么东西。

猴儿喽着——小孩儿放在肩膀上玩耍，走道；

来一骨（gū）节儿——来一段；

日子过得仔细——节俭。

通过以上对比，不难看出北京话跟大同话的渊源。虽然他们属于不同的方言区，但相互之间还是有关联的。这种关联源于北魏时代，您别忘了当时的大同话跟现在的普通话一样是"国语"。

9. 析津府的"幽州话"

唐代的北京城叫幽州。从幽州开始，北京这地界，就是汉族与少数民族杂居的城市，而且人口一直处于流动之中。到了后晋（公元936—947年）的开国皇帝石敬瑭这儿，北京这地界的归属才发生了变化。

石敬瑭在历史上是个不招人待见的皇上。此人有野心，也有野胆儿。为了灭掉后唐（五代时期的一个国家），这位什么都豁出去了，在向北边的契丹国求兵时，愣管比他小十岁的耶律德光叫"亲爹"，而且"咣咣咣"磕了响头，甘当耶律德光的儿子。

这位辽国的皇上见天上掉下来一个儿子，自然心中欢喜，当仁不让地收下了。为什么要收石敬瑭呢？原来耶律德光老谋深算，既然这位汉人当了自己的儿子，他就能大大方方地提出梦寐以求的想法，那就是要石敬瑭割让"燕云十六州"。

割让国土？换个国君也得琢磨琢磨。您想没了国土，您这皇上还当什么劲儿呀？但这位历史上有名的"儿皇帝"居然没说二话。他的心态是：舍不得孩子套不着狼。就这样"燕云十六州"轻而易举地归了辽国。

当然，耶律德光也没白要这"十六州"，果真出兵帮着石敬瑭把后唐给灭了，让石敬瑭当上了后晋的皇上。

石敬瑭当上后晋的皇上了，这"燕云十六州"却从此脱离了中原的统治，成了辽国的领土。由于当时北京这地界就属这"十六州"中的"一州"，所以，从这时候起，北京就成了辽国的属地。

"燕云十六州"的"燕"指的就是北京，当时北京叫幽州；"云"指的是大同，那会儿大同叫云中，即"云州"，所以"燕云十六州"，又称"幽云十六州"，这"十六州"包括：幽州（今北京）、蓟州（今天津蓟州区）、瀛洲（今河北河间市）、莫州（今河北任丘市北）、涿州（今河北涿州市）、檀州（今北京密云）、顺州（今北京顺义）、新州（今河北涿鹿县）、妫州（今河北怀来县，原址已被官厅水库淹没）、儒州（今北京延庆）、武州（今河北宣化区）、蔚州（今河北蔚县）、云州（今山西大同市）、应州（今山西应县）、寰州（今山西朔州市东马邑镇）、朔州（今山西朔州市）。

毫无疑问，"燕云十六州"里，幽州（今北京）是契丹垂涎已久的地界。北京这地界归了辽国之后，耶律德光很快就把它设为重镇，没过几年，又将幽州设为析津府，并且定为南京，成为辽国的五个都城之一。

我们常说北京是"六朝古都"，这第一"都"也是从这儿说起的。不过，这种说法在史学界也有争议，因为辽国当时并没有南北统一,在辽国的南边还有南宋。而且,辽代的国都同时有五个,北京只是其中之一。

可话又说回来,甭管它是不是南北统一的首都,也甭管它是五个还是六个,总之,北京这地界在辽代是都城。

自然,当了都城就跟一般的城市不一样了。当时的北京也叫析津府。"析津"这俩字怎么来的呢?星象学家以星土辨风水,认为北京这地界属析木之津,所以取名"析津"。

当时的析津府管着顺州、檀州、涿州、易州、蓟州、景州及析津县、宛平县、武清县、香河县、昌平县、良乡县、潞县、安次县、永清县、玉河县、漷阴县等六州十一县,析津府的所在地在宛平城内,就是现在的卢沟桥边上的那个古城。您瞧辽代的北京地盘儿有多大吧!

从辽代的开泰元年(1012),到金代的贞元元年(1153),北京这地界叫析津府这个地名共142年。

这一百多年间的经济文化交流,使这一地区的方言土语相应地得到了同化,虽然"十里不同风,百里不同俗",隔着一条河,说话的口音都不一样,但在析津府的辖区内,人们对汉字的吐字发声还是大体相同的,而且有许多方言土语流传至今。

您如果有机会走到这些地界,跟当地的老人聊几句,便不难发现尽管会有口音,但许多词儿的发音,跟北京话是相同的。

比如说"早晨",老北京人说"大清早儿"或"早起""早清儿"。这些地方的人也这么说。

老北京人管"太阳"叫"老爷儿"("爷"读三声,音"也")、"日头",这些地方的人也叫"老爷儿""老阳儿"和"日头"。

再比如"傍晚",用老北京话说,叫"晚傍晌儿""天擦黑儿"。这些地方的人也这么说,只不过带着不同口音就是了。

10. 金中都与"幽燕语"

公元1153年,金朝的海陵王完颜亮把国都从上京会宁府(今黑龙江省阿城)迁到燕京(当时的北京改叫燕京),使北京正式成为一国的国都,这也是北京建都史的肇始之年。

北京成了国都,自然也就成了金代的政治、经济包括文化的中心,大量的北方少数民族开始涌进北京,原来住在北京的汉族人,跟少数民族居住在一起,在语言、风俗习惯上相互影响,相互渗透,使金代的北京话形成了吐字清晰、结构简单、有自己特点的汉语方言。

北方的辽、金,是与中原的宋朝同时存在的两个王朝,尽管南北不同民族在语言、风俗习惯上,存在许多差异,但是从契丹统治时期起,北方的少数民族便与中原的汉族不断地进行"兵火对话"。在持续几百年的战事中,北方的少数民族不断地从中原地区俘虏汉人战俘,抢掠汉人到北方当奴隶。

当时的南宋,经济繁荣,文化发达。现在的一些史学家认为：宋代无论是书法绘画，还是音乐舞蹈，百工百艺，都是中华传统文化难以逾越的一个高峰，但打仗却不行，跟金戈铁马的金朝军队兵戎相见，屡屡受挫，以至于让金兵打到了首都汴梁（今开封）。

宋朝的皇上徽宗在历史上赫赫有名，但他出名不是由于当皇上治国理政的本事，而是写字、画画儿的功夫。宋徽宗的字和画儿，在2015年的北京艺术品拍卖会上拍到了近亿元。

说起来，徽宗这个皇上当得也够窝囊的，金朝的军队大马金刀打入汴梁城，他乖乖当了战俘。金人把他连同他儿子钦宗，还有皇后、太子、王公大臣及大批工匠两千多号人，一起押解到了北京城。

史书记载，当时徽宗被关在了延寿寺（今东琉璃厂东北，已废），钦宗被关在了悯宗寺（今法源寺）。后来这爷儿俩又被押往金中京，但宋朝的大批工匠却留在了北京。当然，这会儿的北京城，也有中原地区的人来经商贸易。

这些南方人到了北方地区，必然要把中原地区的文化和科技带过来，对相对落后的北方区域产生影响。这种文化的相互交融，自然也包括语言和文字。在辽金统治的300多年间，汉语在东北各民族中占据了优势。

在金代，这种文化交融最为明显，以至于金朝的语言文字几乎全都汉化，最有力的实证就是金章宗时代出现的"燕京八景"：居庸叠翠、玉泉垂虹、太液秋风、琼岛春阴、蓟门飞雨、西山积雪、卢沟晓月、道陵夕照。您看这些景观不全是汉文吗？而且字义跟今天的文字没有任何区别。

金代的北京，女真族的贵族和普通百姓，已经不会说本族的语言，汉语已然成了官方语言。

我们在《杨家将》《说岳全传》等古典小说及相关戏曲中能看到，金兵金将与宋朝的官兵对话，是不用翻译的。而且您从现今金中都留下来的城门的名字——会城门、丽泽门、彰义门等，也能看出金代的汉化程度。

但是可以肯定，在方言土语上，当时的"中都话"跟南方的汉族是有很大区别的。

可以这么说：金代的北京话是女真人说的汉语和幽燕地区汉人说的汉语相融合的汉语方言。有的语言学家也把它叫做"幽燕语"。这大概算是今天北京土话的源头了。

11. 元代的"官话"与方言

中国最早对文字进行解释的书,是汉初的《尔雅》。之后,有西汉扬雄的《方言》十五卷。东汉许慎的《说文解字》收有9353个字,重文(即异体字)1163个。

这三部著作不但对字义进行了解释,而且一一注明了读音,对汉语言文字的统一发音做出了努力,以至于形成了官方认可的"官话"。

考证起来,元大都人说的"官话",是以中原口音为主的。元代的语言学家周德清,编著了一本非常有价值的书——《中原音韵》。在书中,他把北方方言的主要语音特点归纳为"平分阴阳、入归他声、声母无清浊之分"三个特点。

这三个特点在秦、汉、隋、唐的汉语音韵中是不明显的,由此可以看出它受到北方少数民族的语言影响,相反,南方的几大方言区吴语、粤语、闽南语、闽北语、客家语等则没有这些特点。

当然,大都话属北方方言,但我们通常所说的北方方言,其区域包括现在的河北、天津、河南、山东、东北三省及内蒙古的一部分地区,并非只是大都城。

虽说大都的"官话"带有中原口音,但并不完全是中原味儿,也不是汉语化的"幽燕语",更不是蒙古语。那它是什么呢?

准确地说它应该叫"大都语"。当时的北京城叫大都,所以"大都语"说白了就是北京话。

"大都语"是中原口音与幽燕语、蒙古语、突厥语、女真语,加上民间土语和外来语,相融合而成了北京地区的方言。

明朝初年,徐达率领的大军攻进大都城,战火把大都城变成了废墟。我们现在是通过相关史料和意大利人马可·波罗的游记等了解和认识大都城的。

马可·波罗把大都城描写得美轮美奂,认为它是当时世界上最美的城市。但元代的统治者是蒙古族,虽然元朝在很多方面已经汉化,建大都城的刘秉忠是汉族人,引玉泉山水通大都城漕运的郭守敬也是汉族人,可是在元代,汉族人的社会地位是比较低的。

按元代的社会等级来说:一等公民是蒙古族人;二等公民是色目人;三等公民是北方汉族人、契丹人、女真人等;四等公民是宋亡后的遗民。汉族人的社会地位才排到了第三位。您别看汉族人的社会地位不高,但是,汉族人的数量要远远超过其他民族的人,而且汉文化的影响力在元代起着主导作用。

当然,这种等级制度让许多有才有志的汉族人受到了压抑，自元太宗窝阔台举行过一次考试选士之后，在长达80余年的时间，没再举行过科举考试，有才的汉族儒生只能远离仕途，混迹于江湖。

但普通老百姓却没有受到这种等级制度的制约，他们在商业贸易、文化交往、日常生活中，使用自己的语言，与其他民族的人进行交流，相互渗透，相互融合，逐渐形成了大都城特有的方言土语。这种方言土语其实就是后来北京话的基础。

元代在中国古代文学史上的一大贡献是元杂剧。元杂剧是与汉赋、唐诗、宋词以及明清小说并列的文学样式。元杂剧对中国戏剧的发展具有十分重要的作用，可以说它是中国戏剧的老祖宗。

戏剧是语言的艺术，元杂剧的出现对北京话的形成和发展起到了不可估量的作用，许多北京话是通过元杂剧流传下来的，不过，当时北京人说的话还叫"官话"。

元代的"官话"是以中原口音为主，又与本地的方言相结合而产生的，它不但是北京话的原型，而且也是现代普通话的基础。

12. 元杂剧与"官话"

元代的北京叫大都城。如果从南北统一都城的角度说，元大都是真正意义上的中国首都。所以，元代的大都话，可以说就是"官话"。所谓"官话"，就是"国语"。

"官话"这个词，也是北京土话。在北京土话里，凡是跟公家（国家）或者政府有关的都被称之为"官"，比如官员们穿的衣服，叫"官衣儿"；从前官员出行坐的轿子，叫"官轿"；北京的公共厕所，老北京人叫"官茅房"等。顺理成章，政府规定的标准语言，自然就叫"官话"。

说到这个"官"字，有件事我记忆犹新。小的时候，胡同里的孩子们为了证明自己的话是真的，或表明自己说出的话具有权威性，往往要说"官的"。

"官的"在当时属于北京的流行语。比如："这事儿是李大爷说的，官的！""永久牌自行车是上海产的，官的！"

这个词儿，常常让我想起20世纪六七十年代，北京的中小学生说的"向毛主席保证"。跟"官的"一样，那会儿，孩子们说点儿什么事,想让别人相信,必要说这句话。

当时,毛主席在老百姓心中的位置至高无上,向他老人家保证了,这事儿还敢有假吗?"向毛主席保证"成了20世纪六七十年代北京的流行语。那个年代,北京胡同里的孩子,总把这句话挂在嘴边儿。

"官话",实际上就是官方语言,就像现在的官方语言是普通话一样。

如果细心一点研究,不难发现,元代的"官话"跟现在的北京话几乎没有多少区别了。换句话说,元代的"官话"是现在北京方言的基础,或者说是它的原形,因为我们现在说的许多北京土话,就是原来的大都"官话"。

为了印证这个观点,咱们还是从元杂剧这儿说吧。杂剧最早出现在唐朝,到两宋得到了发展,但直到金中都时代才有了"院本"。当时民间演出团体叫"行院","院本"就是演出用的剧本。到了元代,杂剧的发展达到了高峰。大都城是首都,汇聚了全国最有名的剧作家和演员,成为全国杂剧的中心。

在元杂剧有籍贯可考的87名剧作家中,大都籍的占了19人。其中有名的剧作家关汉卿、王实甫、马致远等都是大都人。

这些剧作家,在大都生,在大都长,又在大都混江湖,对大都的风土民情、人情世故了如指掌,所以得心应手地运用当时的大都话,创作了大量的元杂剧。其语言特色鲜明,人物形象生动,在中国古代文学史上占有重要地位。元杂剧不但为中国的戏曲奠定了基础，而且也表明了在元代，北京话的特点和风格已经初步形成。

在元杂剧的人物对白中，您能看到大量的北京话。我在这儿摘几句关汉卿的《感天动地窦娥冤》的人物对话，请您上眼：

他有一个女儿。今年七岁，生得可喜，长得可爱，我有心看上他，与我家做个媳妇，就准了这四十两银子，岂不两得其便。

（楔子）

婆婆索钱去了，怎生这早晚不见回来？

我的性命都是他爷儿两个救的，事到如今，也顾不得别人笑话了。

（第一折）

有累你。我如今打呕，不要这汤吃了，你老人家请吃。

人是贱虫，不打不招。左右，与我选大棍子打着。

（第二折）

这组对话里的"两得其便""这早晚""爷儿两个""顾不得别人笑话""你老人家""选大棍子打着"等，如果我不告诉您它的出处，您能想象得到这是 600 多年前大都人说的话吗？

这几句对话跟现在的北京话几乎没什么区别，只不过，当时还没有"您"和"俩"这两个字儿。但当时的大都人说话已经用儿化韵了，比如"爷儿两个"。

看了这组对话，您对大都的"官话"应该有所了解了吧。

13. 元大都人就说"胡同儿"

"胡同"这个词儿是典型的北京话。很多南方人说不准"胡同"这俩字,很生硬地把"胡同"的"同",读成同志的"同"。其实,它应该儿化韵,读"同儿",也就是说"胡同"要说成"胡痛"。

其实,"胡同"这俩字,早在600多年前的元代就有了。它最早出现在元杂剧里,而且在元代,大都人说"胡同"这个词儿的时候,就已经带儿化韵了。

在元杂剧的剧本里,人物对话多次写到了"胡同",比如:关汉卿的《关大王独赴单刀会》里有:"杀出一条血胡同。"王实甫的《四大王歌舞丽春堂》里有:"辞别了老母,俺串胡同去来。"李好古的《沙门岛张生煮海》的第一折中,侍女云:"你去兀那羊市角头砖塔儿胡同总铺门前来寻我。"还有张羽问:"你家住在哪里?"梅香答:"我家住砖塔儿胡同。"

元杂剧里人物对白中的"胡同",是"胡同"一词见诸文字的最早痕迹。之前的文字没有"胡同"这俩字,所以它最有力地证明了"胡同"一词是大都话,而且那会儿的大都人说话就习惯带儿化韵了。

从这几句台词可知,那时的剧作家便把大都话直接运用到文学作品中了,其中的许多北京话作为人物对白的口语,一直流传到现在。

最早的"胡同"写成"衚衕"。这是形声字,"行"字中间加上"胡同"二字,望文生义,肯定是指小巷。于是,有关"胡同"的字义问题在学术界引起了争议。

最初,一些学者认为"胡同"是汉字,这个词是从"火㸐"一词演变过来的。在江南一带,"衚衕"的发音就是"火㸐"(火同),而且也是小巷的意思。但更多的学者经过研究,认为它是蒙古语,更准确地说是大都话。

20世纪60年代,《北京晚报》副刊还就这个词的来龙去脉开辟专栏,让大家畅所欲言。经过历时两年多的讨论,最后基本达成共识,认定它是大都话。

在蒙古语中,hottog"忽洞"是水井的意思,"赛因忽洞"是"好井"之意,"鸣可忽洞"是"枯井"之意,"哈依忽洞"是"双井"之意。所以有专家认为:胡同是蒙古语的转音,最初是"水井"之意。

另外,在蒙古语中,还有一个词叫"浩特","浩特"的意思是"居民聚落"。此外,蒙古语还有"霍多""霍墩",即"村落"的意思。

"忽洞""浩特""霍多""霍墩"这些蒙古语,说的都跟居住有关,经过大都人的音转,说着说着就成了"胡同"。

"胡同"这个词的出现,也最好地诠释了大都话的成因。

其实,除了蒙古语、突厥语、维吾尔语、女真语、鄂温克语、满语等少数民族语言,"水井"一词都发 huto 的音,被汉语吸收融合,借字表音,便产生了"胡同"这个词儿。我们所说的大都话就是这么来的。

您如果看过元杂剧的剧本,就不难发现,不但那时候的很多文字现在还在用,而且那时候的许多话,现在北京人还在说,比如上面说"胡同"举例的那几句台词"俺串胡同去来"中的"串胡同"和"去来",现在仍然是北京人的口语。

现在的北京人,到谁家做客,不说"做客",说"串门儿";到胡同走一趟,不说"到胡同走一趟",说"串胡同"。

同时,大都话在发音上也使用儿化韵,除了胡同要说成"胡同儿","砖塔"也要说成"砖塔儿"。

14. 明初五方杂处的北京话

很长一段时间，许多史学家和其他文化界名人，包括季羡林等大家都认为，北京的建都史应该是从明朝开始的，并不认可北京是六朝古都（辽、金、元、明、清、民国）的说法。

他们并不认为明朝以前的辽、金、元三朝在北京建都就是"坐江山"，因为这三朝并没有实现真正意义上的南北统一。尤其是辽、金时代，它是与宋朝共存的。元朝虽然实现了南北统一，但时间非常短，而且南方一直在打仗，蒙古军队是靠武力摧城拔寨的，城是打下来了，人心还没来得及征服，就被明朝推翻了。

史学界为此争论了几十年，后来才统一了一个观点：探讨中国的历史，要放眼中华民族这个历史全局上来。辽、金、元三朝的统治者虽然不是汉族，但他们是不是中华民族？是，那还有什么可争的？

有了这样的历史全局观，那些对辽、金、元在北京"坐江山"持否定态度的学者,才意识到原来的观点有些片面了,从中华民族整个历史的发展来看,实际上一直处于各民族相互融合,共同进步的过程。

元大都城经过辽、金、元三朝几百年的营造,已经成为在世界上都数得着的名城,但是元朝的灭亡,也宣告了大都城的灭亡。明朝初年,经过战火洗礼的大都城已经是一片废墟。可以说永乐皇上是在废都上重建的北京城,所以,明代的北京发生了几大变化:

首先是城之变。明代的北京城,从紫禁城、皇城到内城、外城,从宫殿到城墙城楼,从寺庙到苑林,包括很多胡同都是重建的。跟辽、金、元三朝相比,北京城变得更规整更壮观了。

其次是人之变。元朝末年,由于战火纷飞,大都人死的死,逃的逃,到明朝军队打进大都城,算上城外的居民,人口不到10万。所以,徐达将塞外的人大量迁往北京。史料记载:徐达从燕山以北迁移了约5万户。

永乐元年(1403),朱棣下令将北平改为北京(这是北京的城名之始),并在此定都。北京变为首都,没有人不成,人少了也不成,于是便拉开了北京历史上第一次大移民的序幕,先后从河北、山东等地迁徙流民13.6万户,又从江苏、浙江迁徙富户数万户。永乐三年,又从山西迁徙了30万到50万人。

此外,定都北京后,要修建宫殿、苑林,从永乐四年到永乐十五年,先后从山东、江苏、安徽等地征用了23万工匠,此外还有近百万的民夫和兵丁。永乐九年，朱棣令工部开通北京到通州张家湾的通惠河，又从南方调集了30万民工。

永乐十九年正式迁都后，大批工匠和民夫都留在了北京，加上几十万移民，以及大都城的原住民、在北京的驻军、经商做买卖的，还有后来从南京来北京的高官和家属，这时北京的人口规模大约有七八十万，而且人口的结构也发生了很大变化。

城变了，人变了，当然说的话也会跟着变。这时的北京话可以用南腔北调、五方杂处来形容。有幽燕语、大都话，还有黄河以北的燕齐语，以及长江以南的江淮语、吴越语等。

您想，外来人口那么多，他们在北京生活不可能一下儿就把乡音给改过来，况且那会儿跟现在的北京不一样。现在的北京也是外地人多于北京本地人，但北京话已经在北京根深蒂固，况且"国语"普通话也是"以北京语音为标准音"的，所以外地人再多，仍然改变不了北京话的地位。换句话说，您的外地口音再浓，到北京来也要说北京话，否则您寸步难行。

明朝初年的北京则是北方方言与中原汉语，包括江淮语和吴越语会集交融的地方。毫无疑问，在大都话的基础上，北京话融入了许多地方的方言。明代的沈榜编著的《宛署杂记》对当时北京的方言做了说明，这里就一些字的发音举例如下：

祖父叫"爷"；祖母叫"奶奶"；烧刀叫"泡"；主人叫雇工"汉母"；雇工称主人"当家的"；不明白叫"乌卢班"；不

明亮叫"黑古董";语不投(话不投机)叫"劳叨";富叫"肥";话不诚(说话不正经)叫"溜答";语进出(说话有出入,不老实)叫"二乎诚";语言琐碎叫"饶道";语无稽叫"白眉赤眼";不理叫"骚不答的";不上紧叫"疲不痴";扰害(捣乱)叫"鬼浑",又叫"鬼打钹";答不结绝(回答不利落)叫"啰啰唆唆";物之垂下叫"嗒喇";延迟叫"委故";物不真叫"皮混";提叫"滴溜着";扯叫"拉";弃去叫"丢";寻取叫"找";放开叫"撒";错乱叫"扑剌";处置叫"活变",又叫"腾那";修边幅叫"张志",又叫"拿搪";人不修洁叫"邋遢";事物不洁叫"脏";着忙叫"张罗";担当叫"硬浪";满叫"流沿儿";仓卒(仓促)叫"忽喇叭";有头无尾叫"齐骨都";慌张叫"冒冒失失";不齐整叫"零三八五";不相投叫"对不着";单行叫"溜着走";追随叫"钉着他";上市叫"赶集";水桶叫"稍";面饼叫"馍馍";烧酒叫"烧刀"。

从以上例子您能看出,当时的北京方言跟现在的北京方言还是有区别的,那会儿有些方言现在还在用,但已经有了很大变化,比如:"拿堂",现在的意思是端着架子,也写成"拿搪";"骚不答的"现在的意思是不好意思,也写成"臊眉耷眼";"唠叨"现在的意思是碎嘴不停地说,而且要写成"唠叨"等。

当然有些方言,到现在依然在用,没有什么变化,只不过写法不同了,如:饶道(叨道)、黑古董(黑咕隆咚)、滴溜着(提溜着)、嗒啦(耷拉)、委故(萎咕)等。

因为明初的北京人说话有口音,加上现在用的一些汉字当时还没有，所以会有笔误或音讹的情况。比如《宛署杂记》里用得比较多的一个词"百姓每"，其实是现在人们常用的"百姓们"。之所以用"每"，就是这种原因。

不过，有许多当时流行的口语，尽管最初不是北方方言区的，但后来也传了下来，比如"解手"这个词儿，谁都知道是上厕所的意思，但这个词怎么来的呢？

相传明朝初年大移民时，许多山西人不愿离开故土，明军不得不把他们聚集在山西洪洞县的大槐树下，然后分批用绳子捆绑押解到京城。路上要大小便时，得把捆绑的手解开呀，于是就有了"解手"这个词儿，大便叫"解大手"，小便叫"解小手"。直到现在，北京、天津、河北、山西等地的人上厕所，还说去"解手"。

15. 明代的"正韵"与话本小说

尽管明初的北京话是五方杂处，人口来自不同地方，方言的来源也不尽相同，但一个地方终究有一个地方的方言土语，外来的语言要想改变它，可不是三天两早晨的事儿。

大都城是元代的首都，经过上百年融会贯通和实际应用，大都话已经基本定型，所以当时北京的方言是以大都话为主的。您从前边《宛署杂记》所举的方言例子，便能看出许多方言是大都话。

但每个朝代都要有"官话"，即官方认可的标准语音。没有"官话"的标准语音，当官的上朝奏事南腔北调，皇上听着费劲不说，也耽误事呀！

明代也不例外，早在朱元璋在南京建都时，便修订了《洪武正韵》，把它作为朝廷的"官话"，但当时的首都是南京，皇上和朝廷的文武大臣以南方人居多，所以到了燕王朱棣在北京建都，洪武（朱元璋的年号）修订的"正韵"，让北方人说就有些费劲了，比如"大街"，按《洪武正韵》要说 daijeier

"代栽儿"，北京人的舌头还拐不过这个弯儿来。

所以，到了万历年间，官方指派徐孝以北方方言为主，对原来的"官话"重新做了修订，写出了明代有名的韵书《重订司马温公等韵图经》。这部著作不但是音韵学的专著，而且介绍了北京话声调系统的演变过程，反映了明朝初年北京话和"官话"的关系，基本上给北京话"定了调儿"。

北京话经过几十年的相互融合，到明代中叶，已经开始走向成熟，这可以从明代的话本、章回小说的流行，以及它对中国古代文学史的贡献，来加以证明。

用白话创作小说在宋代就已经流行，到明代达到高峰。明代的作家受元杂剧的影响，在创作文学作品时，逐渐向口语化方向发展，与此同时，他们的文学语言也开始使用北京话。

因为当时的小说以说唱的话本为主，面对的是普通市民。您别看这些市民有的没正经念过书，没什么文化，但阅历深，知识面广，尤其是语汇相当丰富，给他们表演如果不用相对统一的通俗语言，而用文言或各地方言，他们肯定听着费劲，会失去兴趣。

所以这些作家选择的是通俗易懂、自然生动又来自民间而带有生活气息的语言，这种语言就是北京话。

从明代早期比较有影响的两部作品——刘侗写的记述京城名胜景物的专著《帝京景物略》和汤显祖写的戏剧《牡丹亭》中，我们就能看到北京话的影响。

到了明代的中后期，北京话已经成为作家们普遍使用的语言,如果您觉得《三国演义》《水浒传》《西游记》等明代作家写的古典名著北京话还不明显的话,那么在冯梦龙、凌濛初等人写的话本小说"三言二拍"里,您会看到北京话的运用已经相当娴熟。

试看冯梦龙的"三言"中的《卖油郎独占花魁》的开头:

> 常言道:妓爱俏,妈爱钞。所以子弟行中,有了潘安般貌,邓通般钱,自然上下和睦,做得烟花寨内的大王,鸳鸯会上的主盟。
> 虽然如此,还有个两字经儿,叫做"帮衬"。帮者,如鞋子有帮;衬者,如衣之有衬。但凡做小娘的,有一分所长,得人衬贴,就当十分,若有短处,曲意替他遮护,更兼低声下气,送暖偷寒,逢其所喜,避其所嫌,以情度情,岂有不爱之理?这叫做"帮衬"。

您看明代的作家写的小说,多么口语化。再举这篇小说里的一段话:

> 自古道:无巧不成话。恰好有一个人从墙下而过,那人姓卜名乔,正是莘善的近邻,平昔是个游手游食,不守本分,惯吃白食、用白钱的主儿。人都称他是卜大郎。

这段描写，更接近现代人写的小说了。书中的许多方言土语，也与现在的北京话比较接近，例如：

出脱——出卖

行径——行为

辱莫——辱没

砝码——筹码

冠冕——体面

寡气——没趣

跳槽——移情别恋

东道——请客的主人

功德——念佛诵经之事

家法——一种打人的用具

行家——精于某种艺业的人

六陈铺——粮店

大娘子——大老婆

打干噎——想吐又吐不出来

三瓦两舍——房子

漏网之鱼——有罪幸免

刮目相待——另眼看待

倚门献笑——妓女卖淫

丧家之犬——讥讽人无家可归

软壳鸡蛋——形容人面嫩怕羞

望四之人——年近四十岁的人

第一辑 寻根探言 61

听评书

16. 清末的京腔儿旗人话

满族人进入北京后,学说北京官话,又把自己的满语音韵和发音习惯、特色文化词汇带入自己的满式汉语,经过上百年的融合,在清末形成了满汉语言成分融合的京腔儿旗人话。

老舍先生在他的自传体小说《正红旗下》里写道:"至于北京话呀,他(指书中旗人"二哥福海")说的是那么漂亮,他的前辈们不但把一些满语词收纳在汉语中,而且创造了一种清脆快当的腔调。"老舍先生指的正是带京腔儿的旗人话。

这种满语和北京话融合,成为现代标准的北京语言。

满语的发音无声调,汉语的发音有声调,满语的词儿进入汉语后便有了声调,所以味儿也就变了。

比如满语 haicambi,其词义是"查看",进入北京话,说成 bāi chɑ,"掰哧"意思是"搜查""翻检"。

满语 balai,意为狂妄。进入北京话就说成 bɑ liē,"巴咧",意思是"胡言乱语",通常说"胡诌巴咧"。

满语 cangkai，意为"随意""只管"。进入北京话，说成 chǎng kāir，"敞开儿"，加儿化韵，意思仍然是"随意""尽管"。

有些满语，进入北京话后，原来的意思扩展了，有的意思也变了，比如现在北京人爱说的一个感叹词：yāo he，"吆喝"，就来自满语的 waliyaha。它也是感叹词，但原来的意思是"嘲讽讥笑"。

再比如 gē zhi，"咯吱"这个词，来自满语的 gejihesembi。但这个词在满语里的意思是人们相互之间闹着玩儿，挠对方腋下或下巴颏儿的痒痒肉，使人发笑。进入汉语后，其原意又被扩展延伸了。现在这个词，在北京土话里除了原意外，还有"犯坏""给人使阴招"的意思。

因为清朝实行的是满汉分置，所以，住在外城的汉族人说的是正根儿的北京方言土语，而住在内城的旗人说的是融入了满语的北京话。在清朝三百多年间的语言交融过程中，这种区别虽然越来越小，但是有些方言土语还是比较明显的。

当然，只有地道的老北京人才能听出两者之间的差别。比如"取灯儿"（火柴），南城人说灯字重，听起来好像没有儿化韵，北城人说灯字轻，儿化韵明显。

再比如说："这人说话啰唆。"南城人会说："这人说话夕叨。"北城人则说："这人说话絮叨。"

这种差别直到20世纪五六十年代还有。我小的时候，就明显感到住在菜市口、虎坊桥和花市的人，跟住鼓楼、什刹海、东单的人说话不一样。比如菜市口、虎坊桥、花市一带的人，管散步叫"拿弯儿"，"出去散步"说成"出去拿个弯儿"。北城的鼓楼、什刹海、东单一带的人则说"出去遛弯儿"。

我跟著名北京琴书表演艺术家关学曾先生是忘年交。20世纪90年代初，我想写他的传记，大概有三个月时间，我每个礼拜至少有三天，到他家跟老爷子聊天儿。

聊到中午，他必留我在家吃炸酱面。老爷子亲自下厨炸酱。他炸出的酱，是地道的老北京"小碗儿干炸"，让我齿留余香，百吃不厌。

有一次，我们爷儿俩一边吃着炸酱面，一边聊天儿，他对我说："听过京剧《四郎探母》吗？"

我笑道："没听过。"

他说："那出戏里有一句唱词儿：'站立宫门叫小番。'这'叫小番'三个字是突然上扬，甩出高腔，行话叫'炸腔'。可是你知道戏迷管这叫什么吗？"

我摇了摇头说："不知道。"

他嘿然一笑："炸酱！"

我忍不住笑起来："'炸腔'变成了'炸酱'。太逗了！"

关先生笑道："就是不能拌面吃。"

关先生的祖上是正蓝旗，住在阜成门一带，是地道的老北京，我从他那儿学到了不少北京土话。

在跟老爷子聊天儿时，我发现北京南城人说的"压根儿"（北京土话：原来），到您嘴里就变成了"迄根儿"或"地起"。

其实，民国以后，北京已经没有内城的城里和城外之别了，这儿说的语言上的差别并不明显，到了20世纪七八十年代，随着东西城的人口和南北城的居民流动日益频繁，这种区别也逐渐淡化了。当然，现在许多老北京人已经搬到城外住了，这种区别更无从谈起了。

17. 王照力排众议选"国语"

尽管早在清朝中后期，北京话（现在北京人说的话）就已经在官场和民间广为使用，但北京是皇都，每天有大量的外埠的官吏和做买卖的人来北京，他们带着乡音，跟北京人交流起来肯定有困难，就像咱们前面讲的那个山西人的故事，"建国门"给说成了"见过吗"，您想能不闹笑话吗？

当然，山西话在全国的方言里，还算比较容易听懂的，您要是换成粤语、湘语、闽南或闽北话，听着就像外国话了。

当年雍正皇上设立"正音书馆"，实际上就是想解决这个问题。"正音书馆"的任务是向全国推广北京话。但中国的地域广，人口多，在当时那种经济落后、文化封闭的状况下，推广某种语言，如同三伏天给大汗淋漓的人扇几下扇子。

缺乏统一的语言标准，自然会给人们的交往和沟通带来许多麻烦，比如曾国藩是湖南人，他说的湖南话是全国比较难懂的方言之一，他到北京见皇上，说十句话，皇上有九句听不懂，有时不得不让他用笔写出来。

康有为是广东人,"公车上书"时,他跟来自全国各地的举子们发表演说,说十句话有九句让大伙儿晕菜,没辙,只好现找了个会说北京话的给他翻译。

光绪皇上召见康有为,也遇到相同的麻烦。康有为的广东话,让光绪皇上如听天书,没办法,皇上不得不破了老祖宗的规矩,下令从领侍卫内大臣中挑选了一位懂粤语的,随同见驾,充当翻译。

戊戌变法后,随着清政府的一些改良措施的施行,官吏们越来越感到没有标准的语言,对人际交往是一大制约。

1902年,张之洞、张百熙上疏,提出了全国使用统一语言的呼声。1909年,清政府资政院开会,议员江谦正式提出把"官话"正名为"国语"。"官话"就是北京话。江谦大概是最早提出把北京话作为"国语"的人。但当时的清政府处于风雨飘摇之中,政令已经没有统治力,所以这个建议并没有真正实施。

北洋政府执政以后,北京再次成为全国的政治文化中心。由于南方各省来北京做官和做买卖的人越来越多,对北京话的地位产生了争议,于是使用统一的标准语音,又成了急需解决的问题。

1912年底,由蔡元培任总长的教育部,成立了"读音统一会"筹备处,由吴稚晖任主任,制定了《读音统一会章程》,共八条。当时还没有汉语拼音,所以规定"读音统一会"的职责为审定每一个汉字的标准读音,称为"国音"。每个字的音素定下来之后,还要制定相应的字母来代表每一个音素。

在"读音统一会"讨论决定以什么语系为标准音时,大部分人倾向于南方语系。这引起了直隶人王照的不满。

王照非等闲之辈,他是《官话合声字母》的发明人。此书是中国第一套汉字笔画式拼音文字方案。当时他是"读音统一会"的副会长,说话还有些分量。

他首先对会员的构成提出了意见,认为江浙人占了二十五人之多,仅无锡就占了五人,自然会影响公平。经过激烈争论,最后决定一省一票制。您的省人再多,只有一票决定权。

这个决定现在看无关紧要,但在当时却左右着汉字读音的标准方向。退一步说,假如当时决定以江浙一带的方言为标准音,那么,完全有可能现在的普通话是吴侬软语的苏州话或上海话。

这次会议审定的汉字读音被后人称之为"老国音"。这个"国语"方案从1918年开始推行。

18. 普通话的标准来之不易

说到这儿,想起一个故事。有一年,我到河北唐山采访,遇到当地一位60多岁的老作家。他颇以唐山的历史文化为骄傲,对我说:"你知道吗?当年我们唐山话差一票没成为普通话。"

我听了顿时一愣。

他解释道:"民国的时候,我们唐山出了个语言学家,是他提出由唐山话为'国语'的。"

我想了半天,没有找到他这句话的根据。直到后来,我知道了王照这个人以后,才明白那位老兄夺人之美了。史书上写着王照是直隶人,其实他是直隶宁河人,这地界现在属天津。再者说,王照在"读音统一会"上的发言,跟差一票选"国语",哪儿都不挨哪儿。看来,民间的讹传有时真是差之毫厘,谬以千里。

却说"国语"推行了不到两年,到1920年,就发生了"京国之争",即以北京话还是以"国语"为标准音之争。一派认为北京话发音清晰，语音纯正，以此为标准更有利于推广。在 1926 年召开的"统一国语大会"上，明确提出"北京的方言就是标准的方言，就是中华民国的公共语音，就是用来统一全国的标准国语"。

这"三个就是"掷地有声，太给力了！它似乎在告诉那些喋喋不休的人——你们谁也别嘚啵了，国语就是北京话了！

1932 年，根据新国音编纂的《国音常用字汇》由民国政府教育部公布，在"字汇"的序言中，又对"国音以北京话为标准"的含义做了进一步的说明，即"所谓以现代的确北平音字标准音者，系指现代的北平音系而言，并非必字字尊其土音。"

这句话很重要，它实际上点明了北京话与国音（国语）的区别。

新中国成立后，克服语言障碍、推广民族共同语成了一项重要工作，1955 年，第一次全国文字改革会议决定，不再采用"国语"的叫法，将其改叫"普通话"。

同年 2 月 6 日，《人民日报》发表了题为《为促进汉字改革推广普通话，实现汉语规范化而努力》的社论，首次向人民大众提出了"汉民族共同语，就是以北方话为基础方言，以北京话为标准音的普通话"。

一年后的 2 月 6 日，国务院向全国发出了推广普通话的指示，把普通话定义为："以北方话为基础方言，以北京话为标准音，以现代白话文著作为语法规范。"

您瞧,从北京话到"以北京话为标准音"的普通话,走过了多么漫长的路。但"真金不怕火炼",历史证明了俞平伯先生的那句话——北京话是全中国最优美的语言。

确实如此呀。您别忘了说这句话的俞先生,可是浙江人!

第二辑 有典有故

19. 努尔哈赤看《三国》

跟一位研究满族文化的学者聊天儿，聊到了满语和满文。他对我说满族最初并没有文字。

《满洲实录》中说："时满洲未有文字，文移往来，必须习蒙古书译蒙古语通之。"

"凡属书翰，用蒙古字以代言者十之六七，用汉字以代言者十之三四，初未尝有清字也。"（福格《听雨丛谈》）

明万历二十七年（1599），努尔哈赤下令手下儒臣噶盖、额尔德尼，以蒙文改制满文，俗称老满文。后金天聪六年（1632），清太宗皇太极旨令满族文字学家达海，对老满文进行改进，形成了新满文。

1644年，清军进关以后，清朝的满族官员大都说满语，对外的行文（政府公文）也是满文，只是召见汉族官吏和颁发文告时使用汉语和汉文。

按清朝皇上的祖制，皇子必须学满、汉、蒙三种语言，所以，清朝皇上一般都能掌握三种语言，召见满族的官儿说满语，召见汉族的官儿说汉语，召见蒙古族的官儿说蒙语。文字好说，三种语言可以同时出现，您现在在故宫各大殿悬挂的匾上，还能看到满、汉两种文字或满、汉、蒙三种文字。

但说话却带来了麻烦，皇上单独召见某个大臣好办，要是皇上同时召见满、汉、蒙三族的官儿，说什么话？皇上不可能用一张嘴同时说三种话，而且当时也没有大臣上朝给皇上备翻译官这一说。与此同时，官儿们之间说话，也不能你说满族话，我说汉语，他说蒙语，您说那不乱套了吗？

其实，清朝初年跟明朝初年大不一样。明朝推翻元朝，真是新朝换旧朝，不但把元朝皇上的宫殿给烧了，大都城也烧成了废墟，最后元朝的皇上跑了，大都城的老百姓也颠儿了，永乐皇上几乎是在废城上重建的北京城，因此语言的变化自不待言。

清朝的皇上则不一样了，他来北京当皇上，用的是明朝的皇宫紫禁城。明代的北京城，到了清代几乎没有大的变动，而清军打进北京的时候，城里城外还生活着几十万原住民。

况且，满族人和满族的军队，也并不是清一色"白山黑水"的女真族的底子。满族人在东北时，就受到东北"那嘎哒"（那地方）的汉族人的很大影响，这些汉族人大都是清朝以前的历代少数民族俘虏到东北去的。

那会儿的人打仗讲究把俘虏当移民。冷兵器时代，金戈铁马的东北地区少数民族能征善战，汉族人往往在他们面前吃败仗，一吃败仗，就被他们掳到东北。从辽代到清朝入关以前，不断有大批的幽燕地区和中原地区的汉族人当了俘虏，被拉到东北当苦役,后来都在那里安家落户。史料记载,最多一次被俘虏到东北的汉人有 30 多万。

在这些被俘虏过去的人中,有不少是北京这地界的,到了东北,这些汉族人肯定说的是汉语。由于这些汉族人的文化和生产技术水平相对比较高,当地的少数民族受他们的影响逐渐汉化,甚至放弃原有的语言,说起汉语来。

虽然努尔哈赤当年下令把蒙文改成满语,这么把满语当回事儿,其实他更喜欢汉语。据史料记载,努尔哈赤年轻时经常到抚顺的马市,跟明朝的汉人贩卖人参、蘑菇、兽皮等山货。在交易中,聪明好学的他学会了汉文,而且非常喜欢看汉文书,《三国演义》《水浒传》成了他手边的读物。老祖宗这么喜欢汉语,能对后人没影响吗?

20. 康熙皇上喜欢说汉语

清军入关后，虽然朝廷力主满族人要说满语，但是北京话的影响力太大，没过几年，在北京住下来的很多满族人就以会说北京话为体面了。

到康熙朝，民间已经通用北京话，满族人也不例外。康熙皇上已经看到，汉语的普及会导致满语的失传，为此专门下旨要求满族官吏要学满语，但似乎效果不大。

因为康熙皇上自己就喜欢汉语，您从他写的诗和留下来的墨宝，就能看出来他对汉语的热爱。

故宫的后朝寝宫，也就是皇上皇后休息睡觉的地方，有三大殿：乾清宫、交泰殿、坤宁宫。这三个宫殿的名字非常有意思：天为"乾"，地为"坤"，"乾清"和"坤宁"实际上就是天与地。中间皇上和皇后安寝的地方叫"交泰"，什么叫"交泰"？天地交和呀！您看这三个殿的名字起得多有学问。

交泰殿有块匾，上书俩字："无为"，这是康熙皇上的御笔。"无为"是老子说的话，取自"道常无为而无不为"。意思是告诫帝王要顺应天意，体恤民情，与民休息。您说康熙皇上有没有学问？

我们从外国传教士的笔记里能看到，到康熙皇上晚年，满族官员甚至王爷说的都是汉语。

康熙皇上喜欢汉语，跟他从小受到的教育有关。虽说他当了61年皇上，您别忘了他登基的时候还是小孩儿呢。

还有一样儿您未准知道，康熙皇上有一半汉族血统。他爹顺治皇上的生母孝庄皇太后是蒙古族，博尔济吉特氏。康熙的生母慈和皇太后佟佳氏，是汉族大臣佟图赖的女儿，先是汉军八旗，后因皇帝生母入了满洲旗，所以，康熙身上有满、蒙、汉三种血统，汉族占了一半。所以，他喜欢汉语也是有原因的。

您想康熙当了六十多年的皇上，那会儿满语和满文就已经衰落了，到了清朝末年，会说满语的人还有，但懂满文的人就已然凤毛麟角了。

记得20世纪80年代，我在北京市委统战部工作，当时要成立北京满文书院，有关人士对全国会满文的人进行了统计，全国不到100人，北京仅有30多人，而且年龄都在50岁以上。

我曾经跟当时满文书院一位姓金的老先生（名字忘了）聊天儿。他跟我说，满文在康熙时就已经衰落，那时的满族旗人虽然在官场和旗人之间说满语，但那会儿的满语也汉化了，就像现在广东人用粤语说普通话似的。

21. 乾隆爷也说北京话

清代的辉煌应该是所谓的"下三代",即"康、雍、乾"三朝。这三位皇上不但崇尚汉文化,而且把汉语运用得炉火纯青,尤其是那位风流倜傥的乾隆爷。

乾隆走到哪儿写到哪儿,透着他有学问。北京的坛庙苑林,乃至全国的名胜古迹,许多地方都有他的墨宝,不是题匾就是题诗,御笔快成"遇笔"了,要不怎么管他叫爷呢?

他一生写了4万多首诗,快能破吉尼斯纪录了。唐代的汉族诗人再能写,就诗的数量而言,没有谁能超过这位爷的。

故宫三大殿的匾额,都是乾隆爷的御笔,太和殿上的匾是"建极绥猷",意思是建立中正的治国方略,才能顺应天道法则;中和殿的匾是"允执厥中",语出《尚书》,意思是只有一心一意精诚恳切地秉行中正之道,才能治理好国家;保和殿的匾是"皇建有极",意思是由天子来制定建立中正的天下最高准则。

您瞧,乾隆爷的学问不比他爷爷康熙低,是不是?

正由于清朝的皇上对汉文化的钟爱,所以他们在治国理政时,也非常重视汉族的大臣,委他们以重任,比如人所周知的张廷玉、刘墉、纪晓岚、曾国藩、李鸿章、张之洞等。

　　随着朝廷汉族的官儿越来越多,为了提高办事效率,清廷一律改用北京话。1728年,雍正皇上下旨设立"正音书馆",在全国推广北京话,规定读书人听不懂或不会说北京话,就不能参加科举考试。

　　那会儿,在全国各地,童生不懂北京话,不得考秀才,相当于现在不会说北京话,不能参加高考。说起来这招儿够狠的,不会北京话,等于把自己的前程给断了。您说这种力度大不大?正是在这种压力下,北京话不但成了满族人的口语,而且也在全国得到了普及。

　　虽然北京话的推广力度这么大,在清代,满语仍然是国语,但不再是"官话"了。有意思的是,清朝官场上的官方语言是满汉双轨制,既说北京话,也说满语。但当时的满语也已经不是在东北老家时说的满语了。

22. 说不完的《红楼梦》

如果说明代的小说《三国演义》《水浒传》，把口语化的北京话直接用于文学创作，还是一种尝试的话，那么到了清代的中后期，用北京话来进行小说创作，已经成为当时的一种潮流。

因为这个时候，北京话不但被官方认可，而且也是各地的学子和文人墨客争相学习的语言。您别忘了，雍正皇上发了狠话，不会北京话，您想参加科举考试？俩字：没戏。

应该说这一时期，北京话已经相当成熟了，它就是现在普通话的根基。当时的许多方言土语，一直到现在还在使用。

清代北京话成熟的标志，是曹雪芹写的《红楼梦》。

《红楼梦》让中国古典小说创作达到了前所未有的高度。正因为如此，这本书被后人给"神话"了。当然，神话俩字是要打引号的。

古今中外因为一本书，能产生出一个学派来的绝无仅有。而且"红学"到现在仍然有考证不完的课题，也仍然有争论不休的话题。

鲁迅先生说《红楼梦》:"单是命意,就因读者的眼光而有种种:经学家看见《易》,道学家看见淫,才子看见缠绵,革命家看见排满,流言家看见宫闱秘事……"

没错儿,人们站在不同的角度,对这本书赋予了研究不完的内容,而这些内容恐怕连曹雪芹自己都没想到。一代伟人毛泽东也是"红学迷"。他认为《红楼梦》至少看五遍,才能看懂。自然,他自己看了不止五遍,才说这话。

我小的时候,是在我姥姥身边长大的,记得我姥姥就是《红楼梦》迷。她80多岁的时候,夜里总睡不着觉,白天孩子们上班的上班,上学的上学,街坊四邻跟她年龄相仿的老人前后脚都"走"了,姥姥连找个聊天儿的人都难。

白天,院里就剩下她一个老人,她感到实在闷得慌。"我怎么不死呢?"姥姥越盼着自己死,却活得越结实,九十多了,她还拄着拐棍,扛(kuǎi)着三寸金莲到胡同口儿的小吃店,给我买早点。"给我找个伴儿吧。"她央告我说。她说的伴儿就是《红楼梦》。我理解老人的寂寞,托朋友给她买了一套人民文学出版社出版的《红楼梦》。

这套书分上中下三册。老太太多了不看,就看第一册,而且死啃这一本。天天捧着不撒手,看了20多年,直到102岁的时候,还拿着放大镜翻呢。当时这本书已经让她翻得缺张少页,快烂了。

我姥姥是光绪年间出生的小脚老太太,活了104岁。她看《红楼梦》纯粹是为了解闷儿。不过,老太太虽然文化不高，却对我说过一句话："你写东西应该多看《红楼梦》，它是一本辞书。"

我当时对她说出的这句话，感到十分惊愕。老太太没白看20多年《红楼梦》，这句话多经典呀！

在红学家面前，我才疏学浅，不敢妄言，但我看了几遍这本书，还真没看出有多玄奥的思想来。我认为《红楼梦》之所以是《红楼梦》，它的经典之处，就是语言。再进一步说就是曹雪芹在创作中，娴熟地运用了北京话，或者说京味儿文学语言。

坦白地说，我之所以走上文学道路，曹雪芹算是我的启蒙老师，《红楼梦》便是我的文学教科书。

《红楼梦》代表着中国古典小说语言艺术的高峰。从这个角度说，曹雪芹堪称语言大师。他的叙述语言有高度的艺术表现力，只需三言两语，就可以勾画出一个栩栩如生具有鲜明个性的人物形象。

而且曹雪芹笔下的人物，都有独特的个性，您只看他使用的语言，就能辨别出人物来。老实说，我看《红楼梦》，主要是学语言，学人家曹老师怎么用北京话来写故事。

北京西山曹雪芹黄叶村故居

23."北京话是全中国最优美的语言"

《红楼梦》可以说是京味儿文学语言的开山之作,正是这部作品,让北京话,或者说让京味儿文学语言,在中国近代文学史上,占有举足轻重的地位。

当然,持这种观点的不只我一个人。著名红学家俞平伯先生说:"北京话是全中国最优美的语言,《红楼梦》里的对话几乎全部是北京话,而且是经作者加工洗练过的北京话,真是生动极了。"

俞先生虽然是浙江生人,但长期在北京生活和工作。他的曾祖是江南大才子俞樾,父亲俞陛云是光绪年间的探花。作为世家子弟,俞先生没给祖宗丢脸,他以优异成绩考上北京大学,毕业后,先后在燕大、北大、清华任教,这之后几乎就没离开过北京。

他家的老宅子在东城的北竹竿胡同38号。他在此住了55年,1979年,才搬到西城三里河的南沙沟。

俞先生是1900年生人,1990年10月去世,整90岁,也算高寿。我有幸在他晚年,跟他见过几面。当时我在北京市委统战部工作,为俞先生倡议恢复昆曲的事儿,先后到他家去过几次。

虽然顶着红学家的头衔,但我感觉俞先生晚年最关心的事儿,不是《红楼梦》,而是昆曲。原来他和他的夫人许宝驯酷爱昆曲,许宝驯的父亲许引之是昆曲的名票,她本人也是"昆迷",不但嗓音柔美,字正腔圆,并且能填词谱曲。

俞先生搬到南沙沟住的当年,在他的努力"撺掇"下,恢复了北京昆曲研习所。1985年,我去他家拜访时,他送了我一本昆曲艺术家俞振飞写的《振飞曲谱》,原来书的序言是俞先生写的。

我在俞先生面前绝对是前辈,他不厌其烦地给我讲起了序言里他定义的昆曲"水磨调"的源流。我对昆曲一窍不通,而且也不喜欢,但出于对老人的尊重,一边听,还一边假模假式地频频点头儿。这尴尬的情景至今记忆犹新。

俞先生虽然在北京生活了几十年,而且是教书的,但他说话依然带有南方口音,普通话并不很标准。不过,他的口语里,时不时也会带出一两句北京土语。

我印象极深的是他聊天儿时,随口说了两个词儿:"这褃节儿"和"惹娄子"。这可是典型的北京土话呀!

俞先生是著名的红学家,我不失时机地跟他聊了两次《红楼梦》。他认为《红楼梦》运用北京话达到了炉火纯青的地步。正因为如此,这本书才把人写得活灵活现、栩栩如生;同时也把事儿写得具体生动,状物传神。

"您觉得《红楼梦》对中国文化的最大贡献是什么?"我问俞先生。

"语言。"俞先生不假思索地说,"《红楼梦》的北京话写得太生动了!"

真是大家呀!多少年之后,我品味着俞先生当年说的话,不能不为他独到的眼光所折服。

我理解,曹雪芹能写出这样一部伟大的作品,跟他的落魄的生活经历有很大关系。正因为他家道中落,怀才不遇,又中年丧子,郁郁寡欢,生活在底层社会,与贫穷的旗人朋友和汉族朋友朝夕相处,掌握了大量的民间语言,才"披阅十载,增删五次"写出了《红楼梦》。

24.《金瓶梅》与《红楼梦》的语言

您如果看过《金瓶梅》的话，就会发现曹雪芹的《红楼梦》是受到了《金瓶梅》的影响和启发。

毛泽东是研究《红楼梦》的专家。他说："《金瓶梅》是《红楼梦》的祖宗，没有《金瓶梅》，就写不出《红楼梦》。"

《金瓶梅》成书于明隆庆至万历年间，作者署名兰陵笑笑生。这肯定是化名，真名是什么，到现在仍是个谜。

《金瓶梅》被称为明代的"四大奇书"之一，是第一部由文人独立创作的名著。它的问世，可以说是我国古典小说的分水岭。

在它之前，古典小说大都取材于历史故事和神话传说，《金瓶梅》则是以现实生活的人物和家庭生活为题材，使中国小说现实主义创作方法日臻成熟。

看过《三国演义》《水浒传》等古典名著，你会发现书的语言还停留在半文半白的书写体阶段，《金瓶梅》则完全摆脱了书写体的束缚，遵循的是口语化、俚俗化的小说创作路子。所以有的红学家认为:《金瓶梅》为《红楼梦》做了探索和准备。

鲁迅先生在《中国小说史略》中对《金瓶梅》的评价是:"作者之于世情,盖诚极洞达,凡所形容,或条畅,或曲折,或刻露而尽相,或幽伏而含讥,或一时并写两面,使之相形,变幻之情,随在显见,同时说部,无以上之。"您看连鲁迅大师对《金瓶梅》的语言都赞叹不已,称它的语言在同时期的作家中"无以上之"。

看过《金瓶梅》,就会发现书中有大量的北京、华北、山东的方言土语,有些土语现在还在用。而且书中人物对话,有很多的儿化韵。这些方言土语经过朝代的更替以及几百年的演化,到了清代曹雪芹这儿,更趋成熟了。

就语言来说,《红楼梦》肯定是在《金瓶梅》之上的,而且许多方言土语是经过曹雪芹精心提炼过的,所以更加筋道。

在《红楼梦》中,这样精心使用的北京土话、方言、俗语俯拾即是,如:

这程子(这阵子)、排插儿(炸薄脆一类的食品)、刚口、硬朗、鼓捣、抓(读 chuǎ)子儿、隔肢、歪了腿、鲫瓜儿(鲫鱼)、胡沁、颠儿、爬拉(扒拉)、展样、安生、才刚、巴巴儿、扯臊、打定、背晦、翻寻、老着脸、撺弄、拿大、赶晚、嚼说、嚼舌头、叽咕、敢是、饥荒、活猴儿、活脱儿、乍着胆子。

咱们再试举几个书中具体的例句:

宝兄弟，别忒淘气了。

（第十一回）

忒——北京话读 tuī。极，太，特别。

休说外话，咱们都是自己，我才这样。你放心收了罢，我还和你要东西呢。

（第四十二回）

外话——见外，不亲近的话。
自己——知己。

薛姨妈笑道："果然凤姐儿小气，不过玩儿罢了。"凤姐听说，便站起来，拉住薛姨妈，回头指着贾母素日放钱的一个木箱子，笑道："姨妈瞧瞧，那个里头不知玩了我多少去了！这一吊钱玩不了半个时辰，那里头的钱就招手儿叫他了。"

（第四十七回）

玩儿——醉心于某事某行。
素日——平时。

大爷拿碗就砸他的脑袋，一下他就冒了血了，躺在地下。头里还骂，后头就不言语了。

（第八十六回）

头里——前面，前头。
言语——读 yuán yi，说话，吭声。

那一年冷天,也是你麝月姐姐和你晴雯姐姐玩儿,我怕冻着他,还把他揽在被里握着呢。这有什么的!大凡一个人,总别酸文假醋的才好。

(第一百九回)

玩儿——北京土话,沉溺于某种嗜好。与我们通常说的玩有所不同。玩儿的读音一定要有儿化韵。

大凡——通常。

酸文假醋——假正经。

三姐听了这话,就跳起来,站在炕上,指着贾琏冷笑道:"你不用和我'花马掉嘴'的,咱们'清水下杂面,你吃我看'。"

(第六十五回)

花马掉嘴——北京土话,油嘴滑舌的意思。

清水下杂面,你吃我看——京城俚语,即好事都让你占了,我什么也没得到。

您看曹老师是不是把北京话用活了?因为人家有生活呀!

我一直认为文学是给倒霉的人预备的。人在特顺的时候,想不起文学来,起码没有文学冲动或创作欲望。人只有在逆境中事事都不顺的时候,才会给自己苦难的心灵找个安置的港湾,所以才能有好作品。这跟人们常说"愤怒出诗人"是一个道理。

如果换一个人，虽然也是大才子，但事事如意，衣食无忧，整天除了喝酒就是泡妞儿，您说能写出《红楼梦》吗？或者是个学究儿，猫在书斋里，捧着古籍，天天"之乎者也矣焉哉"，他也写不出《红楼梦》来。

曹雪芹了不起，虽然人家这辈子就写出一本书，但出了大名儿。这是他活着的时候，做梦也想不到的事。后人把原来的书名"石头记"改为"红楼梦"，是不是包含着这层意思呢？

好茶不怕细品。不管怎么说，《红楼梦》成了文学经典。它的另一个贡献，就是准确地把握了北京话生动自如、婉转流畅的特点，创造性地运用北京话来叙事状物，刻画人物性格，形成了以北京话为主体的口语化文学风格，从而开创了京味儿文学语言创作的先河。

25."窝囊人"写出"英雄传"

说到北京话和京味儿文学语言,我认为除了《红楼梦》,就得说文康的长篇小说《儿女英雄传》了。

文康,费莫氏,字铁仙,号燕北闲人。他的命运比曹雪芹好不到哪儿去。他是满洲镶红旗人,爷爷勒保是大学士,他本人也当过徽州知府,后来改任驻藏大臣。也许是觉得那地方离北京忒远,托病一直没就任,后来,这位闲人坐吃山空,窝窝囊囊地死在北京家中。

胡适为《儿女英雄传》作的序写道:"先生少席,家世余荫,门第之盛,无有伦比。晚年诸子不肖,家道中落,先时遗物,斥卖略尽。先生块处一室,笔墨之外无长物,故著此书以自遣……嗟乎,富贵不可常保,如先生者,可谓贵显,而乃垂白之年,重遭穷饿,读是书者,其亦当有所感也!"

您看文康先生的命有多惨吧?年轻当知府时,也曾风光一时,人前显贵。老了,把家底儿都折腾没了,最后穷困潦倒,囚到一间小屋,靠写书遣兴,打发时光。

当然，那会儿的人没有当作家的概念，用现在人的观点看，他们写书纯粹是自娱自乐，或者说是玩儿，当然也有把自己的经历告诉后人的念头，但没有想到书稿拿到出版社出版还能挣稿费。这自然是玩笑，那会儿哪儿找出版社去？

因为他完全是以说书人的口气来讲故事的，所以《儿女英雄传》的口语化极强，不仅如此，书里很多人物的描写，也都是当时说书人的"行话"。

比如书里的第四回有：

> 公子重新留神一看，原来是一个绝色的年轻女子。只见他生得两条青山含翠的柳叶眉，一双秋水无尘的杏子眼；鼻如悬胆，唇似丹朱；莲脸生波，桃腮带靥；耳边厢带着两个硬红坠子，越显得红白分明。正是不笑不说话，一笑两酒窝儿；说什么出水洛神，还疑作散花天女。

"柳叶眉，杏仁眼，樱桃小嘴儿一点点。不笑不说话，一笑俩酒窝。"这是清末民初说书人典型的"美女范儿"，说书人在形容女子长相漂亮时，都用这套词儿。

相反，曹雪芹的《红楼梦》里几乎没有这类俗词儿。要不怎么说文康的《儿女英雄传》跟《红楼梦》在文学上不是一个档次呢？不过，您别看这套词儿俗，却是京味儿，也就是说：这才是北京话。

跟曹雪芹一样,《儿女英雄传》的书稿,也是他的朋友在文康死后发现,拿去整理刊刻印出来的。所以书稿并不全,据作者书中交代,原稿是五十三回,后来发现仅四十一回(包括"缘起首回")。原来书名叫《金玉缘》,刊印时改叫《儿女英雄传评话》,定稿于道光年间。

其实,这本书的故事情节,我小时候就听胡同里的老人讲过:聪明侠义的何玉凤要给父亲报仇,但冤家纪献唐权势忒大,玉凤见没辙,于是改叫十三妹,出没于市井和江湖。书生安骥和民女张金凤在能仁寺受难,被十三妹救下,经十三妹撮合,俩人成了夫妻。后来纪献唐犯了事儿,被朝廷所诛,十三妹见父仇已报,想出家为尼,众人相劝让她转念,一咬牙嫁给了安公子。一个金凤,一个玉凤结为姐妹,所以最初书名叫《金玉缘》。

说老实话,这个故事挺俗的,虽然清朝实行的是一夫多妻制,但那会儿,人们更崇尚一夫一妻,而且有糟糠之妻不下堂之说,所以这本书的结局并不招人待见,拿到现在则更加讨人嫌了。

不过,人们对十三妹的智慧和侠义很推崇。我小时候,听胡同里的老人讲十三妹,都是她怎么行侠仗义的故事。我认为虽然文康讲的故事比较俗,但这本书最有价值的是地道的北京话。

因为文康在运用京味儿文学语言方面,比曹雪芹更加刻意地追求北京话的本色,所以《儿女英雄传》里的北京土话相当多,随便翻几页这本书,就有一堆北京土话,如:一镜子性儿、干了、闹得不像（闹得不行的意思）、风火事儿（着急的事）、打游飞、扫脑儿、老妈妈论儿（"论"读 lin）、扎筏子、填还人，等等。

因此，我认为文康的《儿女英雄传》，对北京话的贡献功不可没。

清代小说家文康所著《儿女英雄传》被人称道的原因，不是恩仇故事内容，而是书中开创了地道的京味儿语言，人物鲜活且风趣。

26.《儿女英雄传》里的北京话

看《儿女英雄传》,简直是在听老北京人讲故事,北京话的口语化在书中体现得淋漓尽致,这里我就不跟您细聊了,还是拿书中第十九回当例子,您看我说的话对不对。

好好儿的,叫人瞧着这是怎么了?做了甚么见不得人的事了?姑娘,你这不是撑糊涂了吗?
"撑糊涂了"——吃饱了撑的,现在仍常用。

如今仇是报了,咱们正该心里痛快痛快,再完了老太太的事,咱们就该着净找乐儿了,怎么倒添了想不开了呢?
"净找乐儿"——找乐儿,现在仍常用的北京话。

姑娘这句话更被那位假尹先生叨着线头了。
"叨着线头了"——找到出处了。

逃到这山旮旯子里来，耳朵里何尝听见过这等一番学问话？

"听见过这等一番学问话"——典型的北京片汤儿话，表面上看是谦虚恭敬用语，实际上带有嘲讽意味。

算把姑娘前前后后的话都挤出来了。当下先把邓九公乐了个拍手打掌。

"话都挤出来"——这个挤字，只有北京人会这么说。挤，有多重含义，被逼无奈，让人逼迫都可以这么理解。

"乐了个拍手打掌"——多么形象的笑姿，现在这句词还在用。

把个姑娘也闹得迷了攒儿……也搬了个座儿在十三妹身旁坐下。

"迷了攒儿"——晕头转向了，典型的北京方言。

"搬了个座儿"——现在北京人也说"搬个座儿过来"。

所以才商量着做成那样假局子。

"局子"——圈套。

不想我们老爷子从旁一怂恿。

"怂恿"——策动。跟北京话"撺掇"同义。

便是我们爷们儿又怎好多这个口呢？

"多这个口"——多嘴的意思。现在一般说"多这个嘴"。

你那性儿有个不问人家一个牙白口清,还得掉在地下砸个坑儿的吗?
"那性儿"——那种性格。
"掉在地下砸个坑儿"——说话有分量。典型的北京话。

就防你一时想左了,信不及这位尹先生的话。一个不信,你嘴里只管答应着,心里憋主意,半夜里一声儿不言语,呐嘣骑上那头一天五百里脚程的驴儿走了!
"想左了"——想偏了。北京方言。
"信不及"——信不过。
"心里憋主意"——心里想主意。憋,有多种含义。

再不至于有别的岔儿,人家二叔可早料透了,所以才商量定了,嘱咐我小心留神。所以我乘你合人家拧眉毛瞪眼睛的那个当儿,我就把你那把刀溜开了。
"不至于"——现在这个词儿已常说了,但北京话有时要说:"不至外"。
"早料透了"——早就料到了。
"那个当儿"——那时候。
"把刀溜开了"——把刀耍开了的意思。

此外，书中还有一些北京话的具体例句，如：

我走的时候，他妈还来托付我说："道儿上管着他些儿，别惹大爷生气。"

（第三回）

托付——委托，请求别人帮忙、关照。

委屈你们几个，算填了馅了，只是饶你不得。

（第六回）

填馅——又写成填楦，替人担罪受罚。

有人找我说话，你没看见我手里做着活呢吗？有甚么话你叫他进来说不结了！

（第十七回）

不结了——以反问语气表示肯定，意思是行了，可以。

玉凤姑娘道："你老人家就许了为我吃斋也使得。今日又不是初一十五，又不是三灾呀八难的，可吃的是那一门子的斋呢？"他又道："我不论那个，我许的是一年三百六十天的长斋。"

（第二十一回）

三灾八难——佛教的说法，许多苦难。
吃的是那一门子的斋——那一门子，那一件什么事，"那"读"nǎ"，典型的北京话。

不论——读 bú lin。不讲究，无所顾忌。

> 我的姑奶奶！我可不知道嘛叫个挑礼呀！
> （第二十一回）

嘛叫——什么叫。
挑礼——又写成挑理，指责礼貌不周，缺乏公道。

> 俩人酸文假醋的满嘴里喷了会子四个字儿的匾。
> （第三十二回）

酸文假醋——假正经。
喷——毫无顾忌地胡说八道。现在这个词还用，如网络语言"喷子"。

> 要不亏我躲的溜扫，一把抓住你，不是叫他敬我一乖乖，准是我自己闹个嘴吃屎。
> （第三十八回）

溜扫——动作敏捷利落，口齿伶俐。

书中大量的北京俗语和北京方言土语，现在北京人还在用，比如：调歪、坐蜡、及至、干了、没溜儿（没正经）、这当儿、一冲性儿（使性儿）、三板一眼的话、许多张致、红头胀脸、敢则（敢情）、敞开儿、小眼皮一搭拉（耷拉）、什么分儿上（份儿上）、周遭、没门儿、不差什么、背过气去、正经话、猫闹（猫腻）、陪个笑儿（笑脸儿），等等。

《儿女英雄传》的文学价值，就在于熟练地运用了京味儿文学语言，这也是这部长篇小说久盛不衰的主要原因。书中那些鲜活流畅的北京话，增强了作品的文学表现力，给它带来了持久的生命力。

不知别人怎么看，因为我是研究北京文化的，所以每次看这本书，都觉得过瘾，因为有些北京土话现在北京人已经不说了。

27."北京话是活的"

在现代文学史上,老舍被誉为"语言大师"。这个称号可不是随便封的。作家写东西离不开语言,但能成为"语言大师"的,您掰掰手指头,有几个呀?

老舍先生忒有名了,他的代表作品家喻户晓。他是新中国第一个被授予"人民艺术家"称号的作家。在中国现代文学史上,"鲁""郭""茅""巴""老""曹"并驾齐驱,但就文学的语言成就而言,我认为老舍先生应该是第一位的。

老舍先生是地道的老北京。他的本名叫舒庆春,字舍予,满族正红旗人。咱们前文说过,他是在新街口内的小杨家胡同(原来叫小羊圈胡同)长大的。他两岁的时候,父亲就去世了,是母亲含辛茹苦把他养大,因为家里穷,所以他在上北京三中的时候,就考上了师范。

老舍先生在师范毕业后,当过小学教师,也当过校长,后来还到英国教了五年书,以后又在山东济南齐鲁大学当教授,抗战时,他去武汉从事抗战救亡文化活动,后来又转去重庆工作。1946年应邀到美国讲学。北平解放后，周恩来总理特地请他回国，参加新中国的文化建设，他这才辗转回到了北京。

从1924年赴英教书，到1949年底回国，他离开北京整整25年。这25年，恰恰是他文学创作的黄金时段。

有意思的是，老舍先生的书是百分之百的京味儿，但却不是在北京写的，比如他的代表作《骆驼祥子》《离婚》《我这一辈子》《四世同堂》等。而且老舍先生走到哪儿，都是一口地道的北京话。由此可见，一个人在什么样的语言环境下长大，对他的影响是终生的。

记得有一年，我到青海采访，在一个小县城的饭馆吃饭的时候，碰到一个老北京的旗人。他一口的京腔儿引起我的注意，跟他一聊，敢情他是在锦什坊街长大的，离我小时候住的辟才胡同只隔一条马路。他告诉我说，他来青海30多年了，一直订阅《北京晚报》，因为周围几乎都是青海人，他只有从报纸上了解家乡情况。

我印象特深的是临分手时，老人握着我的手舍不得撒开，一连说了几句："您再跟我说几句北京话吧！平时听不着呀！"老爷子在青海30多年，京腔儿愣没改，您说乡音的魅力有多大吧。

老舍先生现在已经成了北京的一张文化名片。我认为他的最大成就，是把北京话给升华到世界文学艺术领域，并且被国际认可，他的书被翻译到30多个国家和地区。这是非常了不起的事儿！老舍先生是在1966年8月去世的，两年后的 1968 年，他获得了诺贝尔文学奖的提名，如果他活着，这个奖有戏。

老舍先生是用北京的方言土语写小说的第一人，在他之前的兰陵笑笑生也好，曹雪芹、文康也好，虽然他们的作品里大量使用了北京话，而且有人编辑出版了《金瓶梅》和《红楼梦》的词典，但是他们都不是直接用北京话或者说京味儿语言进行写作的，而老舍是直接用北京的大白话写作的。

看老舍的小说和话剧时，往往有一种身临其境之感，就像老舍坐在您面前，跟您聊天儿讲故事一样，而前面所说的三位作家的书里，多少还带着文人的书卷气。

老舍先生在谈自己的创作时说："无论写什么，我总希望能够充分地信赖大白话；即使是去说明比较高深一点的道理，我也不接二连三地用术语与名词。名词是死的，话是活的；用活的语言说明了道理，是比死名词的堆砌更多一些文艺性的。"

他认为："世界上最好的著作，差不多也就是文字清浅简练的著作。"

他说："有人这样问过我：'我住在北京，你也住在北京，你能巧妙的运用了北京话，我怎么不行呢？'我的回答是：我能描写大杂院，因为我住过大杂院。我能描写洋车夫，因为我有许多朋友是以拉车为生的。我知道他们怎么活着，所以我会写出他们的语言。北京的一位车夫，也跟别的北京人一样，说着普通的北京话，像'您喝茶啦？''您上哪儿去？'等等。"

他说:"明白了车夫的生活,才能发现车夫的品质,思想,与感情。这可就是语言的源泉。话是表现感情与传达思想的,所以大学教授的话与洋车夫的话不一样。"

他说:"从生活中找语言,语言就有了根;从字面上找语言,语言就成了点缀,不能一针见血地说到根儿上。话跟生活是分不开的。"

看了这些话,您大概就明白老舍为什么能成为"语言大师"了。的确,老舍先生的文学作品之所以有魅力,就因为他把北京话给写活了。

有一位外地朋友问我:"怎么能学会北京话?"我笑着告诉他:"你多看几本老舍的小说。"

不过,需要说明的是,老舍先生说的老北京大白话,在他的文学作品里,并不是拿来就用的。他说的大白话,不是生活中的北京方言土语的简单复制,而是经过审美的需要和艺术的加工,加以提炼后的"京味儿语言"。

老舍先生在这方面是有教训的,他说:"以前用惯了文言,乍一用白话,我就像小孩子刚得到一件新玩意儿那样,拼命地玩耍。"刚开始写作时,他使用北京话毫无顾忌,也不管人家能不能看懂,更不管书里的人物需要不需要用大白话来表现,总之,对北京话来了个"大撒把"。

后来,他发现这么玩不行,自己是写痛快了,可读者的眼睛受不了啦。怎么呢?看不明白呀!

比如北京人把吃零食,叫"零叼儿""碎撅搂""磨磨牙""垫补垫补"等;把打盹儿,叫"眯一会儿""忍一小会儿"

"砸一小觉儿"等。如果您把这些北京方言写到书里，外地读者看了能不晕菜吗？

老舍先生是吃过洋面包的人，他知道什么样的语言容易传播。在明白那些土得掉渣的北京话是有地域性和局限性的之后，再创作时，他开始把北京话在自己脑子里"过滤"加工了。

经过他提炼的北京话更加明白畅晓，有韵味，有北京特色，而且容易传播。他的作品不但上了中学课本，而且也被翻译成几十种语言，这正是老舍先生对北京话的贡献。

作者老舍以幽默的北京话写尽了底层百姓的悲欢离合，是现代京味儿文学最卓著的作家，对后世产生了深远的影响。

28. 萧乾的京腔一辈子没改口儿

我认为语言是融入人的血液里的符号。您在十岁前学的话，包括方言土语，会伴随您的一生。不信，您可以注意观察您身边的人。

我有个表姨，生前是北京七中的特级数学教师。20世纪60年代，全北京的中学数学特级教师，只有五六个。我表姨曾经跟我说过，她教的高中毕业班，高考数学没有低于90分的，当时满分是100分。她退休后在家辅导学生高考，也几乎"百发百中"。

您可能想不到，我表姨这么有才的中学老师，而且在北京教了一辈子书，说话却是满口的保定腔儿。

我姥姥是河北保定安国人。我表姨生在保定，十几岁跟她爸爸到北京念书。她爸爸是老清华大学的教授，说的倒是京腔儿，可我表姨却对保定乡音念念不忘，尽管她还是教师，您说乡音给人的印记有多深吧。

著名记者和翻译家萧乾是地道的老北京。他生前是中央文史馆的馆长。我在北京市委统战部工作时，就接触过他，后来当记者，也多次采访过这位新闻界的前辈。

萧乾是蒙古族的旗人，祖上属察哈尔部蒙古族镶黄旗。他是遗腹子，母亲当女佣把他养到13岁去世。他13岁就成了孤儿，靠亲友的资助，一边打工一边念书，后来考上了燕京大学。1935年到《大公报》当记者。

1939年，萧先生到英国伦敦大学东方学院当讲师，并在剑桥大学读硕士，同时给国内报纸写稿。"二战"期间，他是欧洲战场唯一的中国战地记者，当时已经非常有名。1949年，他应自己在《大公报》时的同事、《人民日报》副主编杨刚的力邀，才回到北京。

萧先生是大才子。巴金先生早年说过这样的话："我佩服这几个人的才华，一是曹禺，一是沈从文，一是萧乾。我自愧不如他们的才能要差好几倍。"当然这是巴金大师的谦虚，但可见萧乾在大师心中的位置。

当年萧乾翻译的捷克作家哈谢克的小说《好兵帅克》，家喻户晓，晚年他和夫人文洁若翻译了"最难懂的巨著"、爱尔兰小说家乔伊斯的《尤利西斯》。他出版过许多书，我比较喜欢的是《未带地图的旅人——萧乾回忆录》和《北京城杂忆》。《北京城杂忆》由若干散文随笔组成，最早是在《北京晚报》连载的。

萧先生对我说："写这些杂忆，就是想证明我是老北京人。"

他说的是纯正的北京话。我曾跟他开玩笑："您翻译莎士比亚，翻译乔伊斯，比英国人还英国人，怎么北京话还一直没变？"

他淡然一笑说："走到哪儿，我也是北京人呀！"

萧先生说话很幽默。我跟冰心的儿子吴平是朋友，吴平是搞建筑设计的。有一次，吴平请萧乾夫妇吃饭，让我作陪。我瞧吴平见了萧先生称呼"干舅"，感到纳闷儿，问吴平："您怎这么叫他？"

没等吴平说话，萧先生接过话茬儿道："北京人不是兴认干亲吗？有干爹干妈，当然就有'干舅'了。"

此言一出，吴平忍不住乐了，旁边的文洁若也掩面而笑。

我不明就里问道："难道这里还有什么故事吗？"

吴平笑道："那你得问我'干舅'。"

几个人又咯咯乐了，笑完，萧先生才告诉我他这个"干舅"的来历。

原来萧乾的本名叫萧秉乾，但这个"乾"字，也是繁体字的"干"字，所以，萧乾上学时，得了个外号叫"小饼干"。这外号自然让他听着别扭，就因为这个原因，后来他把名字中间的"秉"字去掉，改叫萧乾。

萧乾一直管冰心叫大姐。冰心姓谢，原名叫谢婉莹。萧乾出生在东城的羊管胡同，11岁在崇实小学念书时，跟冰心的弟弟谢为楫是同学。当时谢家在铁狮子胡同的剪子巷住，离萧乾的住家不远，他常到谢家玩，所以冰心记住了他的外号。

直到萧乾 80 多岁了，见到冰心时，老人家还叫他"小饼干"。母亲叫他"小饼干",孩子们就随口叫他"干舅"了。原来"干舅"是这么来的。

这个"干舅",跟吴家的关系确实不一般。萧先生晚年身体状况并不好,肾脏只有三分之一功能,许多药不能吃,尤其是感冒药,所以生活特别有规律。我接触他许多次,很少见他在外面吃饭,一般人请不动他。吴平能把他和夫人约出来,可见关系莫逆。

萧乾对北京城和北京话的热爱是发自内心的。在这儿,我摘录他的散文《老北京的小胡同》里的几句话,您看看:

> 我这辈子只有头17年,是真正生活在北京的小胡同里。那以后,我就走南闯北了。可是不论我走到哪里,在梦境里,我的灵魂总在那几条胡同里转悠。
>
> 我最喜欢听夜晚的叫卖声,夜晚叫卖的特点是徐缓,拖尾,而且当中必有段间歇——有时还挺长,像"硬面——饽饽",中间好像还有休止符。比较干脆的是卖熏鱼的或"算灵卦"的。
>
> 另外是夜行人:有戏迷,也有醉鬼,尖声唱着"一马离了"或"苏三离了洪洞县",这么唱也不知道是为了满足一下无处发挥的表演欲呢,还是走黑道发怵,在给自己壮胆。

您看这几段文字是不是带有京味儿。这是他的北京语言的自然流露。他在北京胡同生活了17年。这17年便让他把北京话融入了血液里，以至于相伴终生，不管到什么地方，也不会改口儿了。

29. "穷不怕"的相声与"江湖口"

老舍先生作为语言大师,说过一句意味深长的话——"北京话是活的。"这话太经典了。

咱们从北京话的形成和发展的历史可以看到,它是一池活水,或者说它是一条长河,一直处于交汇、融合、拓展的过程之中,直到现在依然是这样,因此它是具有生命力的语言。这恰恰是北京话的魅力所在。

其实,让北京话走出京城,让更多的人认知或接受,不仅有老舍这样的作家的推动,还有戏曲、曲艺、音乐、书画等许多文化界的艺术家的参与,值得一说的是相声这门表演艺术。

相声是地道的北京"土产",相声的起源和发展依托的就是北京话。在老北京,说相声的属于吃"开口儿饭"的人,因为它的四门功课:说、学、逗、唱,都离不开这张嘴,口儿要是不张着,就没饭吃了。

相声的历史并不长,它起源于过去的滑稽表演,在清朝末年,由它的祖师爷、汉军旗人朱绍文,在天桥"撒字儿""画锅"发展起来的,从朱绍文那儿一直到现在,说相声的表演,张嘴说的都是地道的北京话。所以,相声为北京话的传播立下了汗马功劳。

说相声的也有说别的地方方言的时候,但那是为了"抓哏",达到某种艺术效果,行话叫"倒口"。"倒口",实际上是告诉听众:别的方言口儿不正,正口儿是北京话。

朱绍文在天桥撂地(卖艺)时的绰号叫"穷不怕",传说他是落地的举子,文化底子很厚实。"穷不怕"大概有两个含义:一是光脚的不怕穿鞋的,穷到这份儿上,什么都不怕了;二是虽然穷,但有一张能把人逗乐的嘴,所以,我这个这样的落魄文人什么都不怕。

"穷不怕"的肚子宽绰(知识丰富),靠那张嘴寓庄于谐,婉而多讽,嬉笑怒骂皆成文章,留下了许多脍炙人口的文哏相声段子,比如《八扇屏》《扒马褂》《大保镖》等。

在清末民初,"穷不怕"是北京家喻户晓的人物。他开了先河之后,说相声的人越来越多,最有名儿的是"八德",即八位德字辈的相声名家。"八德"的徒弟那就多了,后来形成了不同风格的几个门派,如马三立的"马派",侯宝林的"侯派","单口大王"刘宝瑞的"刘派"等。

在老北京,说相声的社会地位很低,他们通常是在庙会或市场"撂地"卖艺挣"嚼谷"(吃喝),为了吸引观众,一些相声演员不得不降低身价,说一些"江湖口儿",用现在的话说就是"荤段子",到后来,因为有些相声非常低俗,京城的老式家庭都有规矩，女性不能听相声。

另外，相声源自北京，所以相声演员说的都是纯正的北京方言，许多土话让外地朋友听了，丈二和尚——摸不着头脑。

正是在这种情况下，新中国成立后，相声名家侯宝林与孙玉奎、刘德智等人，提出对传统相声进行改造，提倡说新相声，而且用标准的北京话来说相声。

他们的建议得到了老舍先生和语言学家罗常培、吴晓铃等人的大力支持，于是很快成立了"相声改进小组"，编写了许多新相声，如《婚姻与迷信》《戏剧与方言》等，使相声的趣味和品位有了新的提升，受到全国听众观众的喜爱。

相声不但逗人开心，雅俗共赏，对后来普通话的推广也起到了积极作用。

舞中幡

中幡是中国民间传统杂技当年天桥耍幡艺人身怀绝技代表人物宝善林师徒

甲辰 若波

中幡是中国民间传统杂技。当年天桥耍幡艺人身怀绝技，代表人物宝善林师徒。

30. 相声名家当语言学教授

　　为什么说新中国成立以后，新相声对普通话的推广发挥了意想不到的作用呢？因为相声演员把说北京话改成说普通话以后，您要想听相声，就要学普通话，或者说您听相声，就是在学普通话。说到这儿，得给相声名家侯宝林记一功。

　　侯宝林当年家喻户晓，被人尊为语言大师。因为他是满族，所以很多人以为他是老北京，其实，侯先生是天津的根儿。

　　他出生在天津，4岁的时候，被他舅舅张全斌抱给了北京地安门外的侯连达家。养父侯连达是满族镶蓝旗，曾在涛贝勒府当过厨师，所以，他也就随着侯姓成了满族。

　　侯宝林11岁拜颜泽甫学京剧，后来才拜常葆臣、朱阔泉改行说相声。当年，在鼓楼、西单商场、天桥等处"撂地"说相声，也小有名气，但让他成为大师级的相声表演艺术家的，还是他新中国成立后创作的新相声。

　　侯宝林先生能成名，取决于他的勤奋学习。他没上过什么学,更没什么学历,但他干什么吆喝什么,认准了相声是语言的艺术,对北京话死磕,不但说相声,也自己写相声,把相声这门艺术给吃透了。

侯先生对北京话的贡献是"否定"北京话,当然,这个否定是打引号的。比如他在相声《北京话》里,有这么一段对话:

甲:北京话可别说那老北京话,什么"你颠儿了""撒丫子啦""孬(nāo)啦"。你比如说一个"吃"吧,就有很多说法。

乙:哦。

甲:这儿搁个馒头,你把它吃了。

乙:这不就得了嘛。

甲:老北京话有很多词儿,形容这个"吃了"。

乙:还有什么词儿?

甲:你把它餐了。

乙:餐了?

甲:餐字原来是文言,可搁在这儿,它算土语。

乙:啊。

甲:这算两用的。还有你把它啃(kèn)了,你把它开了。

乙:开了?

甲:还有,你把它捋(lū)了。

乙:嗐。

甲:再多一个字,你把它垫(dián)补了。

乙：垫补？这叫什么话？

甲：这就叫北京话的土语。

乙：哦？土语。

甲：说话，你说土语不行。非得说普通话。

乙：那是啊。

甲：现在提倡说普通话，今后说话都要按照这个规矩。

您瞧，侯先生是不是把北京土话给否了？当然，他这是讲在台上演出要说普通话，不能说北京土话。

其实，这也是无奈的选择，因为您在台上说北京土话，人家真听不懂呀！

20世纪50年代，侯先生曾与人合作过《相声概论》；1963年，北京大学中文系特聘他给古典文献专业的一名学生当导师，使其完成了10万多字的《明清笑话》的论文。后来，他和北京大学教授汪景寿、南开大学教授薛宝琨、山东大学教授李万鹏合著出版了《曲艺概论》。

1981年他被北京大学正式聘为中国语言文学系兼职教授，之后，又被辽宁大学、河北大学中文系聘为教授，讲授北京话和文学语言。此外，他还参与了喜剧电影《游园惊梦》的拍摄，到上海拍过电影《方珍珠》，并在上海北方曲艺团工作过一段时间。

一个说相声的能成为北京大学兼职教授，给北京大学的学生讲语言，侯先生可以说是第一人。

31. 侯宝林也爱玩"现挂"

侯宝林先生是明白人，他在20世纪五六十年代，就意识到相声要生存和发展，要想活下去，首先得让相声语言活下去。这是他反对相声演员说北京土话的初衷。

老北京的相声演员在演出时，说北京土话可以没顾虑，尤其是在北京的地面儿上"撂地"，观众听不懂，演员正好可以直接玩"现挂"（相声术语，指现场抖"包袱儿"）。当然很少有听不懂的，因为听相声的大都是老北京人。

新中国成立后，相声作为大众喜闻乐见的艺术，受到了重视，演出场地从过去的"撂地"走进了剧场，作为正式的节目演出。

原来"撂地"时，观众听不懂，您可以现场互动，玩"现挂"。在剧场表演就没这种机会了，而且当时提出要说新相声，即提前写好相声段子，排练后再上台表演，与此同时，电台还要录制播放，全国亿万听众都能听到，所以，相声首先要求观众能听懂，不但口齿要清楚，而且发音要准确。

正是在这种情况下，侯先生提出了用普通话说相声的倡议。他在相声界的知名度高，自然，他的建议在相声界得到了响应。同时，他也通过自己的相声作品，宣传了普通话的正确发音。

实际上，侯先生说的相声演员要说普通话是相对而言，您想，相声是北京"土产"，离开北京话，还叫相声吗？就跟上海的滑稽表演一样，它也离不开上海话。侯先生所强调的是不说或少说北京土话，比如"吃饭"，您说吃饭就得啦，没必要非要说"开喽""呲了""垫补了"。您如果满嘴都是这些土话，外地听众听了肯定得愣神。

老北京说相声的大都在京城的地面儿上刨食，所以没有谁听不懂的顾虑。解放后，相声通过电台和每年春节晚会（当时也是电台办的）的广泛传播，已经变成全国听众喜欢的曲艺形式，所以侯先生提出说普通话是有眼光的。

事实上，北京的相声演员每年都到全国各地演出，有的还加入了外地的曲艺团体，侯先生等相声演员还把相声带到了美国、欧洲，当然在那儿也是当地的华人听，老外是绝对听不懂相声的。

您别瞧侯宝林在演出时普通话说得那么标准，实际上，在现实生活中，他嘴里也是京腔京韵，时不时蹦出一句北京土话来。您别忘了他可是老北京人！

侯先生活着的时候，我跟他接触过几次，也写过他的专访。老爷子幽默和善，平易近人，好像他天生就是说相声的，浑身上下都是笑料，张嘴就是"包袱儿"，跟他在一起，总是让人开心。

记得有一次侯先生到老舍茶馆做客,茶馆当时有相声专场,经理尹盛喜先生想让侯先生给指导指导,为此还特意把我这个记者叫过来采访。

我赶到茶馆的时候,侯先生已经在那儿喝了半个多小时的茶了。见到我,他呵呵一笑道:"哦,你这个记者还亲自来采访呀!"这个"现挂"把大伙儿都逗乐了。

紧接着,他又来了一句:"'跟包儿的'没过来吗?"

我笑道:"侯先生您真是高看我了,当记者的上哪儿找'跟包儿的'去?"

侯先生马上接过话茬儿:"噢,没'跟包儿的',有挎包儿的。"

因为我是背着挎包进来的,所以这句话又逗得大伙儿哈哈大笑。

在开聊之前,侯先生说:"您瞧尹老板多看得起我们说相声的,给我们办了个专场。"

尹先生在一旁笑道:"瞧您说的,北京人谁不爱听相声呀?"

"是呀,可您这个专场,它不出砖呀!"

您看生活中的侯先生多幽默。

那天,我因为来晚了,跟大伙儿一个劲儿道对不起。侯先生听了,反倒觉得絮烦了,他非常谦和地对我说:"得了,别紧自地赔不是了。不就在尹老板这儿少喝两杯茶吗是不是?哪儿就那么多的不是呀?"

我笑道:"让您老等了。"

他摆了摆手笑着说:"我等'跟包儿的'呢。得了,你先落(读 lào)座儿,把气儿喘匀喽,咱们再聊。"

您瞧,他是不是一口的京腔京韵?

32. 那志良听相声催眠

那志良先生是故宫博物院的老专家,抗战初期,故宫国宝南迁,多次辗转后,他随这批国宝转移到了台湾。他活了90多岁,一直是台北"故宫博物院"的研究员。

那先生是老北京的旗人(那姓要读 nā),当年在北京故宫,跟吴祖光的父亲吴瀛,还有朱家溍,都是老同事。我专门写过这三位故宫国宝典守者的故事。

我怎么知道那先生的事呢?因为那先生的亲妹妹那淑芳,是我的母校二龙路小学的校长,我跟那校长的儿子贺强是发小儿,关系比较铁。那先生去世后,他的儿媳妇专程来北京看贺强,我从她那儿知道许多那先生晚年的趣事。

那先生在台湾生活了几十年,一直说北京话。晚年他思念北京,经常失眠,后来他从老友那里,得到了一盘刘宝瑞的相声磁带。

刘宝瑞有"单口相声大王"之称,他说相声口齿伶俐,咬字清晰,包袱儿脆生,耐人寻味。那先生年轻时在北京听过他的相声，所以这盘磁带让他倍感亲切。

听了刘宝瑞的相声，他仿佛回到了北京。后来他又让儿媳妇在香港把刘宝瑞录制的相声磁带买全，从此，他每天晚上听着刘宝瑞的相声入眠。相声成了他催眠的良方。

刘宝瑞先生也是一位家喻户晓的相声名家，他1915年生于北京，9岁接触相声，13岁拜名家张寿臣为师，不久，就开始"撂地"演出。

那会儿，相声演员的生活十分艰难，饿肚子是经常的事儿。相声演员把"撂地"也叫"平地抠饼"。北京的地面儿抠不出饼来，他们就奔外埠。刘宝瑞17岁那年，跟着比他大一岁的马三立去营口、烟台、青岛说相声。

这次"巡演"，刘宝瑞钱没挣着，命差点儿搭进去。怎么呢？饿呀！

在从营口开往烟台的轮船上，两天没吃饭的刘宝瑞给饿得两眼冒金星，晕在甲板上，险些栽到海里去。多亏马三立急中生智，跑到厨房讨要了两个烧饼让他吃了，救了他一命。刘宝瑞生前总说，他跟马先生是生死之交，敢情典故在这儿呢。

刘宝瑞先生经过多年的表演，已经将北京话锤炼得炉火纯青，尤其是他的单口相声，在语言上更是简洁精炼。1949年，他到香港说相声，让香港人耳目一新。他是第一个把相声带到香港的人。

1950年，他又在上海"打天下"，声名鹊起。您想，能让上海人喜欢相声，在语言上不干净利落行吗？1952年，中国戏曲研究院成立实验曲艺团,到上海把他"挖"回北京,以后,他又调到中央广播说唱团当艺术顾问。

相声是语言的艺术,说、学、逗、唱哪样也离不开语言。刘先生跟侯宝林都是"宝"字辈的相声演员,虽然他没正经念过书,但他把北京话算是琢磨到家了。

他的相声讲究语言、眼神和面部表情的"三结合",每个段子都经过精心设计,具有平整不温、脆快适当、稳健潇洒、口风细腻的特点,让人百听不厌。他说的"单口"《连升三级》《珍珠翡翠白玉汤》等被编入了中学语文课本,许多相声段子还被译成了英、法、日、韩文。

刘宝瑞在"文革"中受到迫害,英年早逝,死的时候才53岁,但他的相声老百姓至今依然爱听,说明他的相声说得好,也说明了北京话的魅力。难怪远在台湾的那先生一直到去世,都把他的相声磁带放在枕头边儿上天天听。

33. 老舍夫人的"燕语莺声"

"你是去呢？还是去呢？还是去呢？"这是郭德纲相声里的一句话，现在被人们拿来当常用语了。它的意思是：你是去呢？还是不去呢？还是去不去两可呢？您看同一句话用不同语气说，表达出的意思完全不一样。

在北京话里，用不同腔调和语气说出来的词儿，绝对不一样，所以，北京话是强调语气的。用什么语气说话，直接影响字词的语言效果。

有些人以为北京人说话大嗓门儿，京腔儿就是高声大嗓儿，这是从一些影视，如《骆驼祥子》里的虎妞、蔡明的小品毒舌妇等形象得到的印象，这是一种误解。

其实，老北京人说话的语气是非常舒缓的，是委婉轻柔的，尤其是女性，那时讲究说话要像燕语莺声一般柔声细语。当然，大家闺秀跟小家碧玉不一样，有文化的新女性跟胡同里的泼妇也不一样。不过，老北京人信奉一条，说话高音大嗓儿，野调无腔，是下等人的标志，没人看得起。

说话燕语莺声只是一种比喻,燕子的叫声尖细,黄莺的叫声也不轻柔。我感觉所谓的燕语莺声,是说话的语气舒缓轻柔,不紧不慢,体现出心静如水的神态。这种感觉在老舍先生的夫人胡絜青身上,体现得恰到好处。

老舍生前住在东城的奶子府,即现在的富强胡同,这是他在北平解放初期,用自己一部书的稿费买下的一所院子。院子不大,但很安静,院里种了两棵柿子树,每到秋天,黄澄澄的柿子挂满枝头,老舍先生给小院冠以"丹柿"的雅号。他在这个"丹柿小院"生活了十多年,直到去世。现在这个小院已经成为他的故居,供人参观。

我跟老舍先生的夫人胡絜青及子女很熟。在胡絜青生前,我多次到这个小院,跟老人家聊天儿。当时她已经八十多了,但精神矍铄,每天写字画画儿。老人告诉我,她每天坚持做80个蹲起动作,这比走路还锻炼身体。

胡老的祖上是满族正红旗,正经是老宅门的大家闺秀。她毕业于北师大国文系,老北京像她这样有高学历的女子,可谓凤毛麟角。后来,她又拜齐白石为师学画,是中国画院的美术师。老宅门、高学历、加上自身的艺术修养,使她的气质与众不同,但这种气质是内在的,从外表看,她并不光鲜靓丽,但在娴静之中透出几分文气和淑雅。

她说话的语气是轻柔绵长的,给我的感觉似乎说话不出大气儿,音调要比常人低两级。那声音好像温馨的晨风带着爽意,在你的心头轻轻地掠过,又如绵绵细雨洒落在芭蕉叶上飘逸的氤氲,让你感觉那么惬意,又浮想联翩。

"您从小就用这种语气说话吗?"我冒昧地问胡老。

"嗯,我们在旗人家规矩大,女孩子哪敢扬声说话?"

看来这种说话的语气,是从小修炼出来的。

那会儿,老人还和几个孩子住在一起。平时,孩子们上班的上班,上学的上学,院里空荡荡的,老人希望我常去跟她聊天儿。

她告诉我,老舍先生说话跟他写文章一样幽默,常说一些小笑话。她跟老舍是1930年通过朋友介绍认识的。当时老舍还在山东,隔三岔五给她写情书,并且跟她"约法三章":"第一要能受苦,能吃窝头,如果天天想坐汽车就别找我;第二要能刻苦,学一门专长;第三不许吵架,夫妻和睦过日子。"结婚的第二天,他对胡絜青说:"我有一句话必须说清,平日,如果你看我坐在那儿不言语,抽着烟,千万别理我。我是在构思,绝不是跟你闹别扭,希望你别打扰我。"

您看,老北京人多幽默,写情书"约法三章",要人家姑娘结婚准备跟他吃窝头;结婚第二天,又说别理我。这事儿要是搁到现在,十个姑娘得跑九个,剩下的那个还没反应过来呢。

"您真按'约法三章'说的办了?"我问胡老。

"他这不是跟我逗呢吗。"她扑哧掩嘴笑了。

舒缓的语气反映了平和的心态,胡絜青老人活了96岁。快90岁的时候,还在《北京晚报》发表了一篇散文《老赶不上趟》,说社会发展忒快,她这个上岁数的人,老跟不上时代的步伐。其实,也没必要去跟,求得心态平和就足矣了。她没想到，这篇散文居然获得了北京市散文征文一等奖。

我打电话向老人家祝贺。她微微一笑说："人家是照顾我这老年人的情绪。"

依然是那和风细雨般的语气，我感觉到一种轻柔的暖意滑过心头。这种说话的语气实在太有磁性了。

34. 看戏北京人说"听戏"

有人说，学北京话的最大障碍，就是弄不明白一些土话，比如"撶搂""垫补""瓷器""猫儿腻"等，所以觉得北京话难学。

其实，这是对北京话的一种误解。不可否认，北京话里有些方言土语需要您揣摩，因为这些方言土语是蒙语和满语，如"撶搂""猫儿腻"，但大部分北京土话是大白话。大白话平铺直叙，通俗易懂。您对什么词需要说明，往往会说："说白了"，这个"白"字，就是大白话。

聊到这儿，我想说，大白话是北京话的特色，没错儿，但大白话也不是一碗白开水，看着简单，您要是把它用准地方，也就是说把大白话说准确，也不是张嘴就来的事儿，尤其是写文章。

在这儿，我想跟您聊聊北京的戏剧家翁偶虹先生。翁先生是地道的老北京。他1908年生在北京，父亲当年在清政府的银库任职，是个戏迷。他姨夫梁惠亭是京剧花脸名家，他从小就跟着父亲和姨父听戏,16岁时,就给自己的书斋取名"六戏斋"。哪"六戏"?即听戏、学戏、演戏、写戏、评戏、画戏。这"六戏",他这辈子还真都做到了。

听与学甭说了,翁先生不但演戏、评戏,还写戏,一生整理改编了100多出戏,其中著名的有《锁麟囊》《野猪林》、《红灯记》(与阿甲合作)等,有人将他跟英国的莎士比亚相提并论,其实他编写的戏比莎翁还多。他画的京剧脸谱自成一家。可以说翁先生是中国现代戏剧大家,但老先生自己却不认是什么大家。像其他老北京人一样,他身上并没有大家的架子,待人接物和蔼可亲,平易近人。

翁先生晚年写过一首《自志铭》:

也是读书种子,也是江湖伶伦;
也曾粉墨涂面,也曾朱墨为文。
甘做花虱于菊圃,不厌蠹鱼于书林。
书破万卷,只青一衿;
路行万里,未薄层云。
宁俯首于花鸟,不折腰于缙绅。
步汉卿而无珠帘之影,仪笠翁而无玉堂之心。
看破实未破,作几番闲中忙叟;
未归反有归,为一代今之古人。

这篇铭文,将他一生的志趣和情操做了高度概括。我特别喜欢其中的"宁俯首于花鸟,不折腰于缙绅"和"看破实未破""未归反有归"。这种内在的气节,可以说是老北京人的性格写照。

翁先生1994年去世,活了86岁。他一生除了戏剧之外,还喜欢花鸟鱼虫,这是老北京人的"四大玩"。晚年,他经常给报刊写一些有关养花养鸟的文章。那会儿,我在北京市委统战部工作,受在杂志社当编辑的同学之邀,曾几次到翁先生家约稿和取稿。

北京原来有两个太平湖,北边的太平湖在新街口外,即现在地铁车辆段的位置,老舍先生就是在这儿投湖"走"的。南边的太平湖,大体在现在中央音乐学院东边的位置,如今这两个太平湖都没了。当时,翁先生的家住在南边太平湖边儿上的老莱街胡同。因为我有个姨姥姥跟翁先生住邻居,我是通过这个姨姥姥认识翁家人的。

那会儿,翁先生留着长髯,慈眉善目,仙风道骨,神闲气定,说话一口纯正的京腔儿。每次到他家,他都要泡茶敬烟。虽然我是晚辈,但他并不在我面前端着或拍老腔儿,总是透着那么和善。

有时拿到稿子,我还要跟他聊会儿天儿。跟老爷子聊天长学问。我从他那里学到不少北京话,比如"听戏"。

老北京人从来不说"看戏",而说"听戏",为什么呢?翁先生告诉我:早年间有"生书熟戏"一说。到书茶馆听书,要听生的,这部书从来没听过的,越听越爱听;到戏园子听戏,得听熟悉的,这出戏越熟越爱听,甚至自己都能唱两口儿的最好,为什么?因为您熟,总想听听名角儿是怎么唱的。

一般人进戏园子听角儿们唱戏,要微微合上眼睛,随着角儿们的唱腔板眼,在大腿上轻轻地打着节拍哼唱,才能真正享受到京剧艺术之美。

所以看戏不是"看",而要"听"。一个"听"字,便有了京味儿。

听京戏

传统京剧
唱念做打
四门课由
其念需
京腔京韵
味魂力此
实显京
剧于名脸
戏丰七长
享久历久
布上演
里最石浓

传统京剧唱念做打四门功课,京腔京韵突显京味儿魅力。

35. 翁偶虹的"洗练"北京话

跟翁先生这样的老北京人聊天儿,会有一种心里非常放松的亲切感。他说的是一口非常洗练的北京话,为什么说"洗练"呢?因为那些土得掉渣儿的北京话,都经过他大脑这个"筛子"过滤了。他的口语里很少有噶杂的词儿,那真是一水儿的大白话。

在我们仅有的四五次聊天中,我从他那里得到的启示最多。其中最大的启迪,就是他说的——写作最佳状态是"用大白话"。

他跟我说:年轻时写戏写文章,总喜欢用华丽的辞藻,以为这样才显得有文采有学问,到老了才明白,越是老辣的文章,语言越简洁明白,凡是历史上能传下来的文章,几乎都是用大白话写的。古人说的"铁肩担道义,辣手著文章",这个"辣手",就是指老辣的写手。李白的诗"李白乘舟将欲行,忽闻岸上踏歌声。桃花潭水深千尺,不及汪伦送我情",完全是大白话,流传了上千年,人们仍觉得回味无穷。这就是"辣手"的功力。

《红灯记》是翁先生写的最后一部剧,里面的台词几乎都是大白话,其中李玉和的那段"提篮小卖拾煤渣,担水劈柴也靠她,里里外外一把手,穷人的孩子早当家",几乎家喻户晓,它用的完全是北京话的口语。

其实,后边两句原来是:"刮什么云来下什么雨,和什么泥来脱什么坯。"当时江青抓"样板戏",觉得这两句唱词太俗,放在"穷人的孩子早当家"后面不合适,要求翁先生修改。

说这话的时候是腊月十几,江青说,过了春节就要审看修改后的戏,满打满算有二十多天的时间,按说改这两句词也够了。但写了一辈子戏的翁先生,却让这两句大白话给难住了。到大年三十,他还没琢磨出来。

京剧界的老人都知道江青的脾气大,而且颐指气使,说一不二,何况翁老也在她面前点了头,到时候拿不出这两句唱词,等于在江青这儿栽了面儿,一辈子的功名全毁了。

但心里越急,越想不出这两句词儿。除夕,家人团聚吃饺子,翁先生都食之无味,一直到正月初二,他还为这两句词纠结苦恼。真是两句词儿难倒了大剧作家。

但命运之神在根节儿上向他伸出援手。初二的晚上,老爷子随便吃了几口饭,便回到自己的房间躺下了。冥思苦想这么些天一无所获,他索性来了个大松心,爱怎么着就怎么着吧,先不用管它了。

他随手打开半导体收音机,想听段京剧,没有。电台播的是农村节目，一个技术员讲解种果树的知识。心里郁闷，他无心换台，眯上眼随意地听着。

突然，他听到电台里的那位技术员说了句："不管种什么，大家要记住'栽什么树苗结什么果，撒什么种子开什么花'。"

啊！他猛然一惊，忍不住叫起来：哎呀！这不正是我要找的那两句话吗！

他从床上跳下来，走到桌前，把这两句话记了下来。这就是后来《红灯记》里那两句唱词的由来。

您瞧，看上去多么普通的大白话，真让您写，您也得费一番脑子。所以，千万别小瞧大白话。北京话里的大白话，可以说是"信手拈来，皆成妙谛"。

为了写好大白话，翁先生八十多了，还在生活中找感受。他在《货声》这篇散文里写道："人在日常生活中，耳目所及，都会感到声色之美；花容鸟语，工艺弦歌，名胜园林，文物书画，美在其中，趣生意外，固然是生活里最大的美的享受；而触目的日常用品，充耳的串巷货声，从早到晚，周而复始地傍随着每天的生活，此起彼伏，挥之不去，不期然而然地敲动人们的耳鼓，叩开人们的心扉，也会从每个人的性格、兴趣、爱好，联系当时的环境、际遇、心情而展开想象泛起联想，感受到一种有内容的美。"

货声，就是北京城的吆喝。翁先生能从吆喝声中感受到北京话的韵味，并且体会出其中的美来，可见他对北京话的热爱。

36. 老爷子幽默玩"冬眠"

　　启功先生是地道的老北京,当然说的是一口标准的京腔儿。他是雍正皇上的九世孙。雍正的第四个儿子弘历继承了皇位,就是那位乾隆爷,启功先生的先祖弘昼只比乾隆爷晚生了俩小时,后来封为和亲王。
　　按说他是爱新觉罗的正根儿,所以,有些人喜欢称他"爱新觉罗·启功"。他对这个称呼特别反感,在《自述》中这样说:"我叫启功,字元白,也写作元伯。简称满族人,属正蓝旗。我既然叫启功,当然就姓启名功。有人说不是姓爱新觉罗,名启功吗?这实际上很无聊。事实证明,爱新觉罗如果是个姓,它的辱也罢,荣也罢,完全要听政治的摆布,这有什么好夸耀的呢?这是我从感情上不愿以爱新觉罗为姓的原因。"
　　这一点,跟末代"皇弟"溥杰先生有些相似。溥杰生前,我多次采访过他。老人最忌讳别人称他爱新觉罗,也不愿意别人叫他"皇弟"。他说:"我就是一个普通公民,你直接叫我名字好啦。"

启功先生说："有人给我写信,爱写'爱新觉罗·启功收'。开始我只是一笑了之,后来越来越多,我索性标明:查无此人,请退回。确实呀,你查查我的身份证、户口簿,以及所有正式档案材料,从来没有爱新觉罗·启功那样一个人。"

您瞧他幽默吧?告诉你别叫爱新觉罗,你不听,非要写爱新觉罗。老爷子不跟你急,也不跟你恼。"查无此人"行吧?

一些爱新觉罗家族的人,想以家族的名义搞一个书画展,当然,首选启功先生参加。启功对以这样的名义搞书画展不感兴趣,于是写了两首诗:

闻道乌衣燕,新雏话旧家。
谁知王逸少,曾不署琅琊。
半臂残袍袖,何堪共作场。
不须呼鲍老,久已自郎当。

写诗回答参加不参加书画展,您以前听到过吗?

启功先生玩的是冷幽默,这种不动声色的冷幽默,往往让人忍俊不禁。

一般书画家忌讳人登门要画儿,但又碍于面子张不开嘴拒绝。对待上门要字的人,启功先生有绝的,在门口贴一字条儿:"启功冬眠,谢绝参观。"

谁看了这字条儿能不乐?老人都"冬眠"了,不走,还等什么?

　　启功先生的幽默张嘴就来,有一次,他外出讲学,开讲前自我介绍:"本人满族,祖先活动在东北,属少数民族,历史上通称胡人,因此在下所讲全是不折不扣的胡言。"

　　话音落地,笑声一片。

37. 跟启功笑谈"鬼市"

启功先生生前,我采访过他,也跟他一起逛过潘家园。

潘家园是北京最早的旧货市场,那时候只有周六周日开市,所以又叫"星期天旧货市场",在南城有些影响,后来这一片面临拆迁,工商部门准备取缔迁移。

我知道后,觉得这么好玩的地方没了可惜,于是赶在迁移之前,采访了当地的领导和文物专家,写了题为《京城"鬼市"》的长篇报道,以整版的篇幅在《北京晚报》上发表,在社会上引起反响,算是把这个市场保了下来,并且在原来基础上又有发展。

一年以后,十里河乡的头儿,邀请国家文物局的领导和启功、朱家溍、刘炳森等名人来参观,我过来作陪。乡领导特意把我写的报道复印发给大家。

启功先生看了报道,笑着对我说:"你这个当记者的本事不小呀!"

我听了一愣:"我有什么本事呀?"

"你看见'鬼'了?"启功先生笑道。

我恍然大悟,笑了笑说:"带引号的'鬼市'。"

因为这之前,我写过东直门内大街的餐饮一条街,也是以整版的篇幅,在《北京晚报》发表了《京城的"鬼街"》。这篇报道影响也不小,从此,北京的老百姓真把这条街叫"鬼街"了。几年后,"鬼街"的生意越做越火,名声也越来越大,东城区的领导觉得这个"鬼"字扎眼,找专家,取古代一种与"鬼"同音的食器"簋"字,取而代之了。

这篇报道,启功先生也看了,所以他说我碰上"鬼"了。

他微微一笑,问我:"你知道什么是'鬼市'吗?"

"在圣人面前,不敢卖《三字经》。"我笑道,"您老给我上上课。"

"上课可谈不上。"他不紧不慢地跟我讲起老北京德胜门外"鬼市"的事儿。

老北京的"鬼市",是凌晨开市,天大亮之前散伙的"黑市"。为什么叫"鬼市"呢?两个原因:一是天还没亮,人们手里都拿着"气死牛"的风灯,从远处看,灯影憧憧,像是鬼火;二是"鬼市"上出售的东西有"鬼",好多都不是正道儿上来的。传说有一次,纪晓岚带翠嘴儿的大烟袋丢了,朋友对他说,别急,您明儿一早奔"鬼市",准在那儿呢。果然,纪晓岚第二天在"鬼市"上,把自己的大烟袋买回来了。

当时,启功先生在北师大教书。那会儿,北师大在什刹海的定阜大街,离德外"鬼市"不远,他年轻时逛过。

"你写的'鬼'跟过去的'鬼',不是一码事儿。心里没

'鬼',才敢写'鬼'对不对?"他笑着对我说。

"是,我不过是借题发挥。"

"不,是借'鬼'发挥吧?"他的这句话,把身边的人都逗乐了。

鬼市

旧京有鬼市又
称晓市拂晓三
四点钟开市
日出散市集
上有古布店
日用杂品
鱼回
碗珠花
古玩珠宝不
明之物均诸杯
混乐
甲辰无泥

旧京鬼市，又称"晓市"，拂晓三四点钟开市，日出后散市。商品多种多样，鱼龙混杂。

38. 启功的幽默张嘴就来

　　启功先生说话慢条斯理，一副和蔼可亲的样子，其实他平时并不是爱说爱闹、喜欢张扬的人。他的幽默是骨子里带出来的，反映了正直善良、豁达开朗的老北京人的本性。

　　有一次，他和朋友逛潘家园，看到有人公开卖仿他的字儿。朋友让他当面打假。他笑道："都不容易，给人家留口饭吃吧。"朋友说："您可太宽容了。"他笑道："他们仿我的字，是看得起我。再说他学一手字也下了不少功夫。他要是跟我借钱，我不也得借他吗？"

　　朋友拿字画请启功先生鉴定，他一眼就认出是别人仿他的字。朋友问他："是您的吧？"他微微一笑说："他们的字写得比我好。"

　　朋友不明其意问道："好在哪儿呢？"启功先生笑道："我的字是劣而不伪，他的字是伪而不劣。"您瞧他多幽默吧。

　　启功先生的幽默是典型的北京人的幽默，不是像相声小品似的，为了搞笑，才去设计台词，而是随口说出来的，耐人寻味。

一个客人造访启功。他给人家倒水泡茶。客人说:"您别麻烦了。我出门从来不喝水。"他笑道:"你这不是进门了吗?"

一次,启功先生给人写字,没留神印章盖反了,人家在旁边直着急。他笑道:"我就想让它盖反的。"他在钤印旁补了一行小字:"小印颠倒,盖表对主人倾倒之意也。"嘿,您说老爷子有没有绝的。

当然有些幽默是因人而异的,同样的话,您说,别人不觉得可笑,但他说就能让人笑喷了。

有一次,我在国际饭店参加一个活动,正好碰上启功先生。一个老板听别人介绍他,赶忙跟他握手说:"您可是国宝呀!"启功先生一听,赶紧把手缩回去说:"国宝?我不是成熊猫了吗?"

另一次,他参加一个活动,主持人介绍他是大师。他说:"我得更正一下,她少说了一个'犬犹儿',我是那个狮子的狮。"

朋友见了面问他:"身体怎么样?"他淡然一笑说:"我鸟乎了。"什么叫"鸟乎"?您琢磨去吧,那不是差一点就"乌乎"了吗?

说起来,启功先生这辈子也挺坎坷的。他幼年丧父,中年丧母,晚年丧妻,没有子女,但他心宽,眼宽,把人生的一切都看明白了,所以就跟烦恼无缘了。他曾对人说:"北京的小孩儿有个顺口溜:手心手背,狼心狗肺。我是手心手背,没心没肺。"

启功先生六十六岁那年，自撰了一篇《墓志铭》：

中学生，副教授；博不精，专不透；
名虽扬，实不够；高不成，低不就；
瘫趋左，派曾右；面微圆，皮欠厚；
妻已亡，并无后；丧犹新，病照旧；
六十六，非不寿；八宝山，渐相凑；
计平生，谥曰陋；身与名，一齐臭。

为什么 66 岁要写这篇东西呢？因为按老北京的民俗，六十六是"坎儿年"。民间有"人到六十六，不死掉块肉"的说法。怎么才能迈过这个坎儿呢？按老北京民俗，女儿或儿媳妇要买块肉，在过年的时候扔到房顶上，让猫吃了，"灾"就解了。

启功先生不信这些东西，再说他也没有儿女，所以在 66 岁的时候，自我解嘲地写了这篇《墓志铭》，幽了一默。六十六，没人给他"扔肉"，他也自嘲"六十六，非不寿"，但老爷子活了 93 岁。用他的话说：寿数是给爱幽默的人预备的。

正因为有这种心态，他才能这样长寿。启功先生的幽默张嘴就来。他的脚肿了，朋友问他怎么回事儿，他笑道："没想到我也会发酵了。"他的颈椎病犯了，在医院做牵引，别人打电话问他现在忙什么，他说："我'上吊'了。"

像那些开通的老北京人一样，他也把人生看作是一场戏。有个"反右"时批过他的人，晚年见了他非常难为情。他却开导人家:"那时候好比在演戏,让你唱诸葛亮,让我唱马谡。戏唱完了就过去了。"多么可爱的老爷子呀!

  这些幽默可不是编出来的,它们是一个老北京人在生活中的语言记录。您如果跟老北京人接触长了,就会发现这种幽默随处可见。启功先生可以说是老北京人幽默的代表。

幽默的启功先生

第三辑　韵味绵长

39. 先有京腔儿，后有京味儿

人说话的时候是有腔调的。腔儿，指的就是说话的腔调。如果您留神观察，就会发现不同地方的人，甚至不同身份、不同性格的人，说话的腔调都不一样。

那么，所谓京腔儿是什么呢？其实就是北京人说话的腔调。一般来说是先有腔儿，后有调，换句话说是：先有京腔儿，后有京味儿。

说话是什么腔儿，很容易就能听出来。您看下面这几句话：

"哪里啦？额们（我们）在一起好好开心哦。"

"你把我那个包包拿过来好不好的啦。"

"里（你）今天帮了额（我）那么大的忙啦，额要歇歇（谢谢）你的啦。"

"那好呀。额们（我们）下车好不好的啦？你把额马麻（我妈妈）也叫下车呃。"

不用我说，您也能听出来，这是香港或台湾人说的普通话。这就是所谓的港台腔儿。

您再看看下面这几句话：

"别逗了嘿，咱哥儿们儿谁也别玩儿虚的。溜达着吧您，到我们家喝口儿，你嫂子在家呢。今儿姓何的嫁给姓郑的，正合适（郑何氏）。回头，让她给咱哥儿俩炒俩菜。"

"得了嘿，咱俩谁跟谁呀？从我们家老丈杆子（岳父）那儿论（读 lìn），我还得叫您二大伯呢！"

"嚯，您的手艺真不赖，这碗面条愣要了我两大缸子茶水。不是吹，上灶，他们说您是三把刀让人偷走一把，二把刀。起先我不信。这碗面条一下肚儿，您逼着我信了。"（意思是菜炒咸了）。

我想这也不用我多说，您一看就知道这是纯正的京腔儿。

是的，把港台腔儿跟京腔儿放在一起，就像把木瓜跟西瓜摆在一块儿一样，您一眼就能瞅出来。

有人说港台腔儿带有槟榔和木瓜味儿，而京腔儿则是炸酱面和二锅头的味儿。虽然这种比喻有些牵强附会，但细琢磨有点儿意思。

我一直认为语言跟水土有关系。您忘了那句话：一方水土，养一方人。进一步说：一方水土，养一方人的性格。再进一步说，有什么样的性格，说话就有什么样的腔调。

众所周知，在官场上说话流行官腔儿。所谓官腔儿，就是说话一本正经，有板有眼，严而肃之，话音儿的抑扬有讲儿，顿挫也有说儿（"说儿"是北京土话，即说法，讲究），话的尾音儿要拉长。

比如这句话:"同志们好,我是代表××长来看望大家的。大家辛苦啦!"如果用正常的普通话腔调说,会很自然,也很有情调。

但是用官腔儿说,可能就会成了这样:"同志们——好!我是——代表××长——来——看望——大家的——大家——辛苦啦!"一句话,官腔能给切割成十几段。

记得我在工厂时,有位厂领导是个有点儿资历的"老革命",没念过书,识字不多,但上台讲话特喜欢用官腔儿,所以经常闹笑话。

有一次,他上台念我给他写的讲稿。讲稿里引用了一段毛主席语录:"人的正确思想是从哪里来的?是从天上掉下来的吗?不是。是自己头脑里固有的吗?不是。"

他老先生用官腔儿念:"人的——正确思想——是从——哪里——来的?是从天上——掉下来的。""的"字,还特意念成了"滴"。

大伙儿听了一愣,怎么天上会掉思想?还是正确的?这是毛主席说的吗?

正当大伙儿疑惑的时候,台上这位一翻篇儿,突然大声说道:"噢,这还一个'吗'呢!"

啊?出来一个"妈"?大伙儿不由得哄堂大笑。

其实,我知道他眼神不好,特意把字写得很大。没想到他老人家上台用官腔儿一念,闹出了笑话。

官腔儿在官面儿上是无伤大体的,因为平时都已习惯,尤其是在台上讲话。但在日常生活中,特别是上级对下级,官员对一般老百姓说话时,要忌讳用官腔儿。

如果在生活中,您说话用官腔儿,俗话说"打官腔儿",自然会让人家跟您产生距离,甚至在心里感到腻歪了。

40. 京腔儿不是装出来的

有个成语叫装腔作势，甭说了，这是个贬义词。在现实生活中，平时说话是什么腔儿，您就用什么腔儿，没有必要去装腔儿。装腔是为了作势，所以一般装的都是官腔儿。可见，人们对官腔儿是多么反感。

当然有些人装腔儿，还有赶时尚的意味，所以也叫"流行腔"。前几年唱歌的歌手在台上表演，喜欢用港台腔儿说话，比如经常可以看到演员拿着"麦克风"说："大家崴丧好！"

晚上好，非要说成"崴丧好"。

"接下来我给彭勇们唱一首好好听的歌子，希望大家喜欢。"

朋友，非要说成"彭勇"；好听，非要说成"好好听"或"蛮好听"；歌儿，非要说成"歌子"。

北京人管这种"流行腔"叫"装大个儿的"！

近两年，有的电视主持人或电视台的记者现场采访，面对镜头也喜欢用港台腔儿："那我们看看这边的人啦。那你们看好啦,那今天来的人还有××先生,那请您坐下来好不好哦。"

好像不用"那"字,不会说话似的。

北京人性格直率、大气、热情、爽朗、幽默,说话直来直去,不喜欢兜圈子,所以京腔儿听起来音律激昂,音调清脆高亢。

北京人认为男人说话就应该直率、爽快,管男人说话低声细语的腔儿,叫"娘娘腔儿","娘娘腔儿"自然不招人待见。

跟其他地方的腔调比起来,京腔儿好辨别,因为京腔儿主要发音跟普通话差不多。其实,京腔儿就是北京话,所以外地人听京腔儿并不难懂。

但是,京腔儿跟普通话的发音,还是有明显区别的。中央电视台和中央人民广播电台的播音员、晚会的主持人,还有话剧演员在舞台上演出的说话腔调,应该是普通话的标准腔调,您听着是不是跟北京人说的京腔儿不一样?

同样的腔儿,比如西北人用西北腔儿、西南人用西南腔儿说普通话,您听着也激昂高亢,但说快了,北京人一句也听不懂。原因就是他们的普通话发音,没有北京人说得标准。

在语言学里,说话的腔调并不重要,重要的是每个字的发音是不是标准。

南甜北咸,东辣西酸。各个地方的人口味儿不同,自然喜欢吃什么也就会不一样。一个地方的人说话是什么腔儿,带有地域文化的痕迹,所以没有必要非"腔调一致"不可。

不知道您注意过没有，部队操练喊口令，几乎都是南腔北调，而且要拉长声，这大概是为体现军风的威武，而且人们觉得很好听。相反，如果用电台播音员说的普通话来喊口令，您就会觉得滑稽了。

　　我在工厂时，当过民兵连的连长，也带民兵出过操。开始是用普通话喊口令，大伙儿听了这种"学生腔儿"忍俊不禁，弄得我也很尴尬。后来我不得不改用南腔北调，大伙儿反倒拿我当"官儿"了。

41."京白""韵白"是两码事儿

"京白"原来是个专有名词,指的是京剧中用北京话念的道白。

但京剧的许多专业术语,说着说着就走出了"梨园",成了大众化的俗语,比如现在人们常说的"范儿",原本是戏剧界的行话,即演员在做武打规范动作或翻跟头前的准备姿势,也叫"起范儿",如今"范儿"已经成了流行语,而且意思也变了,人们管有派头叫"有范儿"。

"京白"也如是,现在很多人把用京腔京韵说的大白话叫"京白"。甭管是什么"白"吧,沾上"京"字,似乎都跟北京话有关。

其实,京剧里的"京白",四声、尖团、咬字、归韵等都是以北京方言为标准的,只不过为了增强其节奏感,形成了一种朗诵体。

京剧里还有一种念白叫"韵白",它是以"中州韵"为读音、咬字、归韵标准的。据元代周德清的《中原音韵》、卓从之的《中州乐府音韵类编》等书记载，中州韵有阴平、阳平、上、去四声，而没有入声，字音归为十九韵类。

我们前文已经说过了，中州韵是元代北方地区传播最广的语音，反映了当时北方语音的规律和特点。这种语音到了清代发生了变化，但京剧要的是韵味儿和"上口儿"，所以一直保留着。

京剧里的"韵白"跟"京白"是两回事儿。因为京剧本身就是"混血儿"，它既有安徽的徽调和湖北的汉调，又有昆腔和秦腔，所以"韵白"既有中州韵，又有安徽、湖北的语音，同时也受到了昆腔和秦腔的影响，因此，您听到的京剧"韵白"，并不是纯正的北京话。比如：

"大街"，京剧"韵白"是"大摘唉"；

"是我上去了"，京剧"韵白"是"始窝裳去了哇"；

"大叔"，京剧"韵白"是"待书无"；

"到处"，京剧"韵白"是"刀去"；

"今日"，京剧"韵白"是"今日衣"；

"两个人"，京剧"韵白"是"良过任"；

"大战"，京剧"韵白"是"待赚"。

我跟《三毛从军记》中演三毛的演员贾林聊过天儿。他是湖北人，但他11岁进中国戏曲学院学戏，说的是一口纯正的北京话。他告诉我，湖北、湖南人说话没有后鼻音，所以，京剧念白里：

"成"，说成了"陈"；

"明"，说成了"民"；

"京",说成了"今";

"行",说成了"欣";

"更加",说成了"艮加"。

但这些音儿都入了"韵白",而"京白"的口儿,属于纯正的北京话。

有意思的是:在许多京剧的传统剧目中,有身份的人物(一些老生、小生、青衣、老旦)大都说"韵白",身份卑微的人物(一些彩旦、丑角)大都说"京白"。

值得一说的是,京剧的念白(韵白),有许多字音也融入了北京话,比如"绿水青山"的"绿",应该读 lǜ,音"律",但老北京人读 lù,音"路";白云观的"白",应该读 bái,但在北京话里要读 bó,音"博"。

"京白"用在大众化的俗语中,就没这么多说法了,它只是"北京白话"的缩写。比如您说的是一口流利的北京话,别人会说:"您的'京白'真地道。"

42."京片子"嚼的是味儿

"京白"或"京腔京韵",又被人称为"京片子"(片,读 piàn)。什么叫"京片子"呢?这个词儿比较令人费解。

《现代汉语词典》对"片"字有七种解释:

① 平而薄的东西,一般不很大,如"纸片儿";

② 指影视片,如"片约";

③ 指较大地区内划分的较小地区,如"分片传达";

④ 用刀横割成薄片(多指肉),如"片肉片儿";

⑤ 不全的,零星的,简短的,如"片面";

⑥ 用于成片的东西,如"两片儿药";

⑦ (piàn)姓。

"京片子"这个词儿,对照这七种解释,哪个也对不上。那么,这个土话是怎么来的呢?原来在北京话里,把那些小巧玲珑的、随意的、可人疼的人和东西,叫"片子","片"读"骗",如"小铁片子""丫头片子"。北京人形容人说话利落、痛快,往往会说"片子嘴"或"京片子嘴"。叫着叫着,便成了"京片子"。

"京片子"现在已经成了北京话口语的代名词或形容词。尤其是南方人,形容北京人能说会道,往往用到"京片子"这个词儿。

自然,"京片子"并不是贬义词,但北京人却不会说自己是"京片子"。因为是不是"片子",不用自己说,话里就带着呢。再者说,"片子"跟"骗子"同音,谁愿意说自己是"骗子"呀?

所谓"京片子",其实就是京腔京韵。体现京腔京韵的往往是一些口语和土话。比如北京人常把"您"字挂嘴边儿上:"您说""您瞧""您想""您呐""您琢磨琢磨"等。

"您"是老北京人的常用词儿,我小的时候,听北京人说话,几乎每句话的后头都带这个"您"字,如"劳驾了您""让我过一下您""我不远送了您""瞧好儿吧您""买东西去了您"等。

在口语里加了个"您"字,味儿就不一样了。就像白米饭里加了把红小豆,白肉汤里放了酱油,前者成了豆饭,后者成了酱肉汤。"京片子"大概就是在白话里,加了"佐料"吧。

43."曹操"发怵儿化韵

　　北京土话有一个明显的特征,就是很多词要儿化韵。这一点,南方的朋友深有体会,因为他们如果用本地口音说北京话,很难发儿化韵的音儿。

　　有人说:"不会说儿化韵,就不会说北京话。"这话说得有点儿过,但也有几分道理,因为不会说儿化韵,说明您的舌头还发僵。舌头不会打弯儿,自然说话不会儿化韵。

　　我曾经跟一个年轻的"老外"在北京电视台做过节目。这个"老外"特风趣,起了个中国名儿叫曹操。

　　"胆儿够大的呀你,知道曹操是什么人吗?"我笑着问他。

　　"那还不知道。给自己起中国名儿,还不找历史上的大人物。"他幽默地笑道。

　　"你倒没叫袁世凯。"我逗了他一句。

　　这位曹操在北京生活了十多年,而且还娶了个北京妞儿,成了北京姑爷。他能说一口流利的北京话,经常在影视剧里露面,曾参演过我的长篇小说《胡同根儿》改编的电视连续

刘一达老师向洋学生传授北京话

剧《世纪七零届》中扮演角色,所以跟我有点儿缘分,每次见面,我短不了跟他逗几句咳嗽,他也会不失时机地跟我这儿"偷"几句北京话。

曹操曾经跟我说,他学北京话最发怵的是儿化韵,不知道哪些词可以儿化,哪些词不可以儿化,经常闹笑话。比如他最早说"长安街",加了儿化韵,说成了"长安街儿";说"姑娘",加了儿化韵,说成了"姑娘儿";说"爸爸",加了儿化韵,说成了"爸爸儿"。

"你以为儿化韵是甜面酱呢,蘸什么都能吃?见什么都'儿化',能不化出乐子来吗?"我跟他开玩笑说。

的确,别说是"老外"了,就是"老内",也经常说不好儿化韵。

其实,儿化韵不难掌握,首先您得弄明白什么是儿化韵。

儿化韵,也叫儿化音,是说话时卷舌发生的音变产生的,如韵母为a、o、e、u的音节,以及韵母为ia、ua、ao、iou、uo、iao、iou等,后面可以直接儿化。儿化了的韵母,就是儿化韵。普通话除了er、e等韵外,39个韵母中,有26个可以儿化韵。在梨园界,儿化韵又叫"小辙"。

在北京话里,儿化韵非常重要,很多时候,加不加儿化韵,意思会满拧。北京相声界的"二赵"(赵振铎、赵世忠)说过相声名段《八扇屏》,其中有这么一段:

甲:到北海公园洗了个枣。

乙:北海的水深着呢,你下去洗澡,要是淹死怎么办？

甲：我洗了个枣怎么会淹死呢？

乙：你是洗什么澡呀？

甲：我洗的是吃的那个枣。

乙：洗枣儿呀！

您看，"洗澡"和"洗枣"是同音，但"枣"必须加儿化韵，否则就要闹误会。现实生活中，这种例子很多，比如：

白干，原意是白忙，加了儿化韵，就成了"白干儿"（白酒，干读 gān）。

头，原意是头脑、头部，加了儿化韵，就成了"头儿"（领导）。

白面，原意是吃的面粉，加了儿化韵，就成了"白面儿"（毒品）。

冒火，原意是着火、起火，加了儿化韵，就成了"冒火儿"（人着急生气）。

水牛，原意是耕地的牛，加了儿化韵，就成了"水牛儿"（蜗牛儿，牛读 niū）。

摊，动词，用手把东西铺开，加了儿化韵，就成了名词：小"摊儿"、出"摊儿"。

当然，有些北京话不加儿化韵，用原来的发音会引起许多误会。比如"药丸"，其发音是"要完"。要完就是快死了。药还没吃呢，人就"要完"了，岂不是找挨骂吗？所以一定要说"药丸儿"。

还有"走味",发音是"走胃"。北京人吃什么东西走哪儿都有说词,比如喝酒有人走皮(脸红),有人走肾(爱撒尿),走胃是怎么回事?其实是没带儿化韵,味变成了胃。一加儿化韵,走味儿,都听明白了。

44. 什么情况要用儿化韵

有关儿化韵,有这么一个顺口溜儿:

酒糟鼻子赤红脸儿,光着膀子大裤衩儿;
脚下一双趿拉板儿,茉莉花茶来一碗儿;
灯下残局还有缓儿,动动脑子不偷懒儿;
黑白对弈真出彩儿,赢了半盒小烟卷儿;
你问神仙都住哪儿,胡同离着不太远儿;
虽然只剩铺盖卷儿,不愿费心钻钱眼儿;
南腔北调几个胆儿,几个老外几个色儿;
北京方言北京范儿,不卷舌头不露脸儿。

这是北京胡同爷们儿的写照,每句话里都有儿化韵,您瞧编得多形象!

在北京话里,有些词儿本身就带着儿化韵,所以您说的时候如果不带,自然会"话"得其反了,比如:打远儿、挪窝儿、拼盘儿、得空儿、盖章的戳儿、撒欢儿、找座儿、羊肉串儿、身量儿、鞋帮儿、玩儿、相片儿、吱声儿、赶明儿、明儿、后儿、小院儿、门脸儿、破烂儿、小孩儿、冰棍儿，等等。

其实，只要弄明白怎么回事，儿化韵是比较容易把握的，通常以下四种情况，是要带儿化韵的：

一、细小、喜爱、亲昵的东西。如：花儿、枣儿、小鸟儿、玻璃球儿、家雀（qiǎo）儿、发小儿、老伴儿、老婶儿、小手儿、通红儿、脸蛋儿等。

二、灵巧、俏皮、诙谐的事物。如：小孩儿、痒痒挠儿、小猫儿、巴狗儿、蝈蝈儿、蛐蛐儿、虫儿、门墩儿等。

三、随意、幽默、亲切的事儿。如：带砟儿（缺点）、有缓儿、钟点儿、拿事儿、小李儿、张头儿、三儿、逗你玩儿、会哄人儿、立马儿等。

四、带有轻蔑、反感、厌恶的。如：光棍儿、二儿（二百五）、傻帽儿、冒傻气儿、事儿事儿的（事儿妈）、官倒儿（倒儿爷）、托儿、柴火妞儿、练摊儿、冒泡儿、上套儿等。

您如果把这些规律记住了，那么在说话时哪儿该用儿化韵，哪儿不能用，也许心里就有数了。

45. 约定俗成的地名儿化韵

说话用儿化韵，透着生动形象，也好玩儿，但并不是什么词都能带儿化韵。一般来说，那些大的、多的、宏伟庄严的及成语、固定词组，是不"儿化"的。比如"长安街"这个词，它是个地名，是世界上最宽的马路，也是直线距离最长的大街，所以不能加儿化韵。

当然，不只是长安街，所有大街都不能儿化，比如：西单大街、新文化街、烟袋斜街、南长街等。

相反，小街和胡同、巷、院等，却要儿化，如：南小街、北小街，要说成"南小街儿""北小街儿"；西栓胡同，要念成"西栓儿胡同儿"；砖塔胡同，要念成"砖塔儿胡同儿"；南柳巷，要念成"南柳巷儿"；刘家大院，要念成"刘家大院儿"。

但在老北京的地名里，有些儿化韵的使用是不按规矩来的，它是由历史原因约定俗成的，所以，分辨起来有点儿难。下面这些例子就是告诉诸位，在北京的地名里，哪些是带儿化韵的，哪些是不带儿化韵的，以便您在生活中掌握。

"桥"属于大的建筑物，一般不带儿化韵，如：卢沟桥、白石桥、马驹桥、玉蜓桥、蓟门桥、东大桥、德胜桥、三元桥，等等。

但有的桥很大，也很有名，却要带儿化韵，比如：虎坊桥儿、天桥儿、太平桥儿、六里桥儿、半步桥儿、北新桥儿、达智桥儿、后门桥儿、酒仙桥儿，等等。

"楼"也属大的事物，所以，在用于地名时，是不能加儿化韵的，如：五凤楼、赵家楼、栖凤楼、四牌楼、马家楼、大白楼、后楼，等等。

但有的地名却要加儿化韵，如：骑河楼儿、过街楼儿、光明楼儿，等等。

"厂"，在老北京认为是大地方，用于地名一般是不能加儿化韵的，如：琉璃厂、大经厂、红罗厂、河泊厂、粉厂、北草厂，等等。

但有的地名却带儿化韵，如：箭厂儿、打磨厂儿、前青厂儿、板厂儿、西煤厂儿、晾果厂儿、小草厂儿、东厂儿，等等。

"山"，甭说了，肯定是高大的事物，通常是不能带儿化韵的，如：燕山、房山、香山、万寿山、景山、妙峰山、东灵山，等等。

但有的以山命名的地名，却带儿化韵，如：九龙山儿、八宝山儿、石景山儿、玉泉山儿、小汤山儿，等等。

"河"，也是大的地理名称，一般来说是不能带儿化韵的，如：清河、温榆河、沙河、护城河、筒子河、泡子河，等等。

但有的以河命名的地名，却带儿化韵，如：三里河儿、十里河儿、团河儿，等等。

村庄的"庄"，按说也是属于大的地界，地名是不能带儿化韵的，如：六郎庄、石榴庄、周庄、宋庄、郑各庄、良庄，等等。

但是有的以庄命名的地名，却带儿化韵，如：八里庄儿、车公庄儿、百万庄儿，等等。

再比如老北京的城门，除了城中之城的紫禁城之外，还有"里九外七皇城四"一说：

内城有九个城门：正阳、宣武、崇文、朝阳、阜成、安定、德胜、东直、西直；

外城有七个城门：永定、左安、右安、广渠、广安、东便、西便；

皇城有四个城门：天安、地安、东安、西安。

紫禁城（即故宫）有四个城门：午门、玄武、东华、西华。

大的城门都有城楼，北京话叫城门楼子。北京的城门楼子全加起来有三十多个，现在几乎都拆了，只留下了地名。

老北京的城门楼子高大巍峨，说的时候当然不能用儿化韵。有些人不明就里，觉得北京的城门也要加儿化韵，把西直门、东直门，说成了"西直门儿""东直门儿"，这是不对的。

北京的城门楼子里，有没有带儿化韵的呢？有，不过只有三个：广渠门儿，西便门儿，东便门儿。

　　为什么别的城门楼子不能儿化韵，只有这三个要"儿化"呢？这是因为广渠门儿的城门楼子比别的小，而东便门儿和西便门儿，不但楼子小，还因为它是便门儿，不是正门，所以说的时候要加儿化韵。

安定门旧景,"打仗要德胜,进兵就安定"。

德胜门旧景,"出兵而得胜",城门命名取吉利之意。

46. 儿化韵有一定之规

在北京土话里，一般情况下，凡是带"小"字的事物（名词）都要带儿化韵。例如：小孩儿、小花儿、小媳妇儿、小门脸儿、小车儿、小门儿、小灯泡儿、小红帽儿、小棍儿、小手绢儿、小盒儿、小票儿、面条儿、小本儿、小道儿等。

当然，有的东西（名词）本身就小，不加这个"小"字，也要儿化韵，如：笔记本儿、粮票儿、球票儿、冰棍儿、煤球儿、鞋带儿、脑袋瓜儿、红枣儿、杏儿、面条儿、豆汁儿、爆肚儿、包子有馅儿等。

但是您且记住，并不是所有小的事物（名词）都加儿化韵，如：宝玉、手表、火柴、香烟、毛笔、手套、电脑、手机、报纸、台灯、梳子、帽子、馒头、热汤面、烧饼、面汤等，是不加儿化韵的。

还有一种情况，有的事物（名词）前边有"大"字，但也要儿化韵，如：大栅栏儿、大班儿、大门儿、大肚儿、大褂儿、大家伙儿、大溜儿、大名儿、大熊猫儿、大面儿、大谱儿、大婶儿、大杂院儿、大画儿等。

为什么同样是小的事物（名词），有的能加儿化韵，有的不能加呢？为什么明明写了"大"字，还要加儿化韵呢？主要有以下几个原因：

一、说话的习惯，如蜂窝煤不带儿化韵，可煤球儿就带，筷子不带，勺儿就带。同样是水果，杏儿、桃儿就带儿化韵，但梨、苹果、核桃、柿子、山楂却不带。

二、一般贵重的东西不带儿化韵，如紫檀、黄花梨、老红木。有些东西现在看来是很普通的，但当初却很值钱，而人们一直沿用了原来的说法，如火柴、铅笔、台灯、皮鞋等。

三、专有名词，如馒头、葡萄、香烟、点心、面包、油条、硬币、衣服、床、头发、辫子、头脑等，不能加儿化韵。因为自打这个词儿出现，一直就是这么叫的。

关于专有名词，得跟您多说两句，有些人不明白，为什么"油饼儿"要儿化韵，而"油条""馒头""烙饼"等却不是儿化韵呢？

其实这些词儿原先都不是北京土话，或者说这些吃食原本不是北京的，是外来引进的。比如："油条"，老北京人叫"油炸鬼儿"。这是从江浙一带的"油炸桧"（秦桧）引申而来的。馒头，分为发面和硬面两种，老北京人叫"发面饽饽儿"和"硬面饽饽儿"。饺子，叫"煮饽饽儿"；硬币，老北京人叫"钢镚儿"；香烟，老北京人叫"烟卷儿"；葡萄是外来语（从西域引进的），但到了老北京人嘴里，往往要说"葡萄珠儿""葡萄粒儿"，这样说更透着葡萄的可爱、鲜灵。

您看,这些词儿,最初到老北京人的嘴里,都是带儿化韵的。

四、有些事物的大小是相比较而言的,同样的道理,任何事物往往都是有大就有小,小是有可比性的。比如说"球"字,北京人往往要加儿化韵,例如:弹球儿、煤球儿、眼球儿、乒乓球儿、羽毛球儿、冰球儿、高尔夫球儿等,是一定要带儿化韵的。但是地球、雪球、马球,以及"三大球"足球、篮球、排球却不能带儿化韵。

再如"报纸"这个词,《人民日报》这样的大报,绝对不能加儿化韵。可是街头的小报,却要加儿化韵,说成"小报儿"。

同样是车,自行车儿、平板车儿、小推车儿要加儿化韵,但汽车、铲车、卡车、摩托车、机动车却不能加儿化韵。

当然,有些字(词)加不加儿化韵,也得分用在什么地方,比如北京有个地名叫花市,这个"花"一定要加儿化韵,因为它最早就是花儿市(卖花儿的市场),而"花"这个字儿用北京话单说,必须带儿化韵。

但是"花"字跟其他词儿组合,就不能带儿化韵了,比如老北京的社火,叫"走会",这个"会"的组织叫"花会",这儿的"花"字是不能带儿化韵的。

再比如"花卉展览"的"花",也是不能带儿化韵的,因为这里的"花"字泛指所有的花,其外延要比单独的花儿大得多。此外,"花卉"本身是专有名词,一般专有名词是不带儿化韵的。

当然，儿化韵能上口儿，跟字儿的发音和人们说话的习惯有很大关系，一般情况下，开口音的字儿不带儿化韵，卷舌音的字儿带儿化韵。

此外，前边加了"小"字，带儿化韵，听着就顺耳，如人的姓儿：小张儿、小刘儿、小李儿、小杜儿、小赵儿、小陈儿、小唐儿、小马儿、小杨儿、小胡儿等。

反过来，加"老"字，带儿化韵，听着会别扭，如老张儿、老刘儿、老李儿等，生活中也没这么叫的。

有的姓儿，加"小"字，也不能带儿化韵，如孙、许、林、蔡、毛、米、齐、舒、桑、司、余、习、季、吕等。

47. 儿化韵的困惑

儿化韵最大的问题不是说，而是写。许多儿化韵的字，您用北京话说，非常自如柔美，因为有些字本身就应该用儿化韵来念，但您要是把它变成文字，就会遇到麻烦，比如这句话：

"慢点儿，等会儿上小汽车儿再拿花儿。"

说的时候，要用四个儿化韵。假如写出来，不用这四个儿化韵，就会变成这样了：

"慢点，等会上小汽车再拿花。"

这句话您看着是不是有些别扭。看来书面语"儿化韵"的这个"儿"字，并不是可有可无的，例如："点儿背""塔儿哄"这两句北京话，如果去掉这个"儿"字，就变成了"点背"和"塔哄"，这是不是让人不知所云了？

可是，问题来了，如果每次都要把这个"儿"字写出来，是不是啰唆呀？

为这个问题，语言学家有过争论。大部分专家认为，从推广普通话的角度,许多字不应该带这个"儿"字。这种说法不无道理,中小学生课本里的文章是典型的普通话白话文,您看有多少带"儿"的字?

咱们前文说了,南方的朋友不会说儿化韵。您把字给"儿"化了,他们只能单拎出来念,比如我写的小说《人虫儿》,南方人会念成"人虫　儿",听起来,好像我写的是"人虫的儿子",这有多别扭呀!所以,后来改编成电视剧播出时,干脆把"儿"字去掉了,变成了《人虫》。

另一部长篇小说《胡同根儿》也是这种情况,改编成电视剧后,不带"儿"字了。可是,不带这个"儿"字,京味儿就没了。

拿《人虫儿》来说,"虫儿"本来就是北京土话,意思是非常小的虫子,能钻到树木里头去的那种,形容一个人是某个行当的行家里手。不带这个"儿"字,"虫"就变大了,您看过《水浒》,就会知道从前北方人把老虎叫"大虫"。

但书和影视是给全国人民看的,您必须考虑到南方朋友的语言环境,这个似乎是没辙的事儿。

许嘉璐先生原来是北京师范大学中文系的教授,他在民进北京市委当主委时,我在北京市委统战部工作,那时我们就认识,后来,他当了国家语委主任,我到《北京晚报》当记者。

有一次参加国家语委的活动,我见到他,跟他探讨儿化韵的问题,他认为有些儿化韵的字是可以带"儿"字的,比如"一会儿""立马儿"等,至于是不是让所有儿化韵都带"儿"

字,那还得由语委的专家讨论才能实行。

　　许先生对古典文学和古代汉语有很深的造诣,后来他当了全国人大常委会副委员长,工作太忙,我不便就这个问题打扰他,这事儿就不了了之了。不过,儿化韵的问题,后来还是受到了国家语委专家的重视,在主流媒体的文字报道和一些重要文章中,一些儿化韵的字还是用了"儿"字,如"花儿""小孩儿""老头儿""靠谱儿"等。

48. 池子里"跑"着呢

其实,口语带儿化韵,并不是北京土话所独有的现象,比如东北人说话就离不开儿化韵。

"热",东北人会说"热儿乎儿的";凉,东北人会说:"凉儿嗖儿的";"痛快",东北人会说:"痛儿快儿的"("快",变音为一声);"实在",东北人会说:"实儿栽儿的"("在",变音为一声)。

咱们前文已说,古典小说《金瓶梅》里的人物对话,有许多儿化韵,因为作者写作使用了大量现在北京、河北、山西、山东这些地界的土话,而这些地方土话里的词儿多带有儿化韵。

为了考证儿化韵的问题,我曾在河北保定地区做过调查。为什么选择保定呢?前面说了,我表姨是保定安国人,在北京教了一辈子书,说话还保持着乡音,许多字带儿化韵。

在老北京,摇煤球儿的和开澡堂子的,主要是保定定兴人。北京人爱泡澡是有传统的,我在工厂当工人那会儿,几乎每个礼拜天,都到澡堂子泡半天儿,因为厂子每月发澡票,不洗过期作废。

当时,京城澡堂子挺多的,别的地儿不说,仅西单周边就有十多家澡堂子。澡堂子分池塘和盆塘,池塘分凉、温、热三类,更衣和休息的大堂(厅)设有许多带小柜子的小床。

一般人喜欢在热池子泡得浑身上下通红,然后在小床泡壶茶,北京有句俏皮话:进澡堂子喝茶,里外一块儿涮。

泡完澡,一边喝茶一边聊天儿,还有在这儿下棋的、斗虫儿的,聊累了再眯一觉儿,歇够了接着泡,半天时间几乎就消磨在澡堂子里了。

澡堂子的服务员,老北京叫"看池子的"和"看座儿的"。看,读 kān,照看的意思。他们几乎清一色是定兴人,说话带着乡音,满口都是儿化韵,听着那么轻柔缠绵而又委婉,有韵味儿。

进了澡堂子,缴完澡票或钱,他们会给你一个小竹牌儿,上面写着号。看座儿的看了你的牌儿,会高喊一声:"五号儿哎。看座儿!"

不管多少号,他们说出来都带儿化韵,而且拖着长长的尾音,比如 35 号,他们会说:"35 号儿哎!"

给我留下深刻印象的是到澡堂子找人。那会儿,通信不发达,别说手机了,打公用电话都费劲,所以,有事儿找人,直接奔他去的地方。

但您如果到澡堂子找人,甭管什么时候,服务员都会说:"池子里跑着呢!"泡,定兴话发音是"跑"。池子里怎么"跑"

呀？这句话常常逗我发笑。

有一次，一个朋友来找我，我明明在小床上喝茶聊天儿，服务员也对他说，我"在池子里跑着呢！"

事后，我跟服务员聊天儿，才知道这是他们的规矩。因为泡完澡，一身的汗，马上出门肯定会受风着凉。说我在池子里泡着呢，实际上是让找人的缓一闸，甭管有多急的事儿，等我落（lào）了汗再说。

您瞧，这么一个小细节，可以看出那会儿的服务是多么人性化了。"池子里跑着呢"这句话，让我至今不忘。

49. 北京话与保定话的儿化韵比较

我一直认为，北京土话跟保定话有"血缘"关系，因为当年都属"直隶"范围，经过实地考证，证实了我当初的推断，尤其是北京话里的儿化韵，许多地方跟定兴是一致的。比如老北京人管手套叫"手巴掌儿"，定兴人也这么说。

北京话与定兴话儿化韵相同的土话，还有：

背心儿（T恤）、全可人儿（父母兄弟姐妹都有的人）、打圆盘儿（撮合交易）、趿拉板儿（拖鞋）、家姑老儿（老处女）、电棒儿（手电筒）、早起清儿（早晨）、大早起儿的（早晨）、耳道眼儿（耳道）、包圆儿（全都要了）、麻利儿的（快点）、咸了巴唧儿（很咸）。

不带儿化韵的两地相同的土话有：

谜，念"闷儿"，猜谜，也说"破闷儿"；避，念"背"；爪，念"找"；削，念"肖"；鹤，念"毫"；雀，念"巧"；血，念"写"；隔壁，念"介比儿"；摸，念"猫"；淋，念"轮"；熟，念shóu；觉，念"角"；胳膊，念"胳背"；核，念"胡"；

尾巴，念"以巴"等。

此外还有：动撼（动弹）、顺毛驴（吃顺不吃呛）、半拉儿（半边）、当巴间儿（中间）、归了包堆（一共就）、赶落（着急，"落"念"乐"，"赶落"念"赶乐"）、找寻（读"找邢"）等。

当然，定兴人说话是有口音的（又叫"怯口儿"），跟北京话不一样，所以，同样的字（词），在咬文嚼字时，还是有所区别的。比如：

北京话："这个我拿得动。"定兴话是："者个我拿得动。"

北京话："这事儿他不知道。"定兴话是："这事儿他知不道儿。"

北京话："这会儿大概吃了饭了。"定兴话是："者会子大荒儿吃咧饭咧儿。"

北京话"你跟谁一起来的？"定兴话是："你会同谁一块儿堆儿来的？"

北京话："云彩被风给刮跑了。"定兴话是："云彩着风挤刮着跑咧。"

北京话："坐着吃比站着吃好。"定兴话是："坐着吃比立着吃好。"

有些字（词）北京话与定兴话也有区别，如：

"搁"，定兴话念"高"；

"饿"，定兴话念"握"；

"核"，定兴话念"孩"；

"迫"，定兴话念"派"；

"俗",定兴话念"徐";

"乐",定兴话念"要"("音乐",被念成"音要",跟东北话相同);

"客人",定兴话叫"且"(跟东北话相同);

"阔",定兴话念"课";

"在",定兴话念"逮";

"凑合",定兴话念"就合";

"言语",定兴话叫"言息";

"好看",定兴话叫"俊气";

"昨天",定兴话是"列个";

"今儿个",定兴话是"真个儿";

"惦记",定兴话叫"结记";

"中午",定兴话叫"晌午"或"晌火";

"不用",定兴话叫"不用价";

"这一个",定兴话是"者一个";

"死人",定兴话是"老咧人咧";

"生孩子",定兴话叫"添咧";

"谁",定兴话叫"谁们";

"闲扯",定兴话叫"哨嗒";

"熬夜",定兴话叫"熬眼儿";

"德性",定兴话叫"德相";

"休息",定兴话叫"歇凉儿";

"傍晚",定兴话是"傍黑子儿";

"一个、两个、三个、四个",定兴话是"一个、俩么、

仨么、四个";

北京人常说的"敢情",定兴人说"敢自"。

定兴话在保定话里是有代表性的,把它单拎出来跟北京话对比,您就会发现二者的相似性。也许,从某种意义上说,它们"本是同根生"。

50. 笑当"张飞"的"二流"

如果您问北京话的特点是什么？我想说：它跟北京人一样，透着大气、委婉、幽默、洒脱。这四个词儿，是这些年我琢磨（研究）北京话悟出来的。

说到北京话的幽默、洒脱，我小时候，在胡同里听那些老北京人谈天说地的时候就体会到了，但真正领悟，是参加工作以后。

我 16 岁，进北京西郊的一个木制品加工厂烧木炭。烧木炭是又脏又苦又累的活儿。当时正值"文革"后期，车间里的师傅多一半儿都是到这儿来思想改造的，我亦是如此。

这些师傅是清一色的老北京人，有的在坛根儿长大，在天桥耍过把式，卖过艺；有的在德胜门一带长大，做过小买卖，担着馄饨挑子下过街；有的在朝阳门外长大，打过小鼓儿，走街串巷收古董；有的拉过洋车，扛过大个儿。总之，三教九流，五行八作，干什么的都有，因为出身都有"砟儿"，即所谓"历史问题"，给"发"到这儿烧炭来了，我则因为父亲是"右派",也位列其中。

在那种三天两头挨批,接长不短挨斗,每天上班当"张飞"(一脸炭黑)的劳动环境里,这些老北京人并没流露出悲观呀失望呀的情绪,相反却一个比一个开朗豁达。大家一天到晚嘻嘻哈哈,活得有滋有味儿,好像苦呀累呀精神折磨呀,活着就要经历这些似的。

这种随遇而安的心态,是典型的北京人性格。在惶惑惆怅的日子里,幽默成了生活中最好的润滑剂。

这些师傅没事儿就坐在一起扯闲篇儿,我印象最深的是一位外号叫"二流"的师傅,他姓刘,名字忘了,外号却牢牢记住了。

为什么他叫"二流"呢?据说这外号是他自己起的。他认为,"一流",自己永远达不到;"三流",自己又不甘心;所以还是当"二流",心安理得。

有一次,我问他:"不怕有人叫你二溜子呀?"北京人管流里流气的痞子叫"二溜子"。

"我这'二流'可不带'子',再者说我是流水的流,它那是溜冰的溜,差着音儿呢,爷们儿。"他笑道。

他当时最爱唱老北京的那首太平歌词:"闲来无事我出了城西,瞧见了别人骑马我骑驴,回头看见了推车的汉,我比上不足比下有余。"也许这正是他内心的写照,这种心态也符合北京人随遇而安、得乐且乐的性格。

现实生活中,几乎每个单位都会有一两个让大伙儿开心的"活宝","二流"就是大伙儿的"开心果"。他一口的"京片子",张嘴就是土话,来不来就是一句俏皮话,按后来的说法应该叫"脱口秀"。

听他聊天儿,简直比听相声还过瘾。也正因为有这位师傅,我十八九岁就开始写话剧编相声,并和同事上台演出。我编的相声,参加过当时北京财贸系统的文艺汇演。

"二流"一直是我想写成小说的喜剧人物,现在想起他来,我都忍俊不禁。他是在坛根儿长大的。在老北京,坛根儿通常是指天坛的坛墙外边,那儿是老北京最穷的人住的地方。天桥紧挨着天坛,"二流"从小就在天桥这块"杂巴地"刨食,不到20岁就被国民党"抓了兵"。

他讲话,给身儿"黄皮"(黄色的军装),我就"国军"了。但没打两回仗,刚知道怎么打枪,他就成了解放军的俘虏。用他的话说:换了身衣服我就"共军"了。让他能仰起脑袋的(令他自豪)是他所在的部队是"四野"。

他一天到晚"我们四野",而且还说他出席了"开国第一宴"。

您再接着问:"真的假的啊?"他说:"真的假的你都说了,我还说什么呀?"别人都以为是真的。

后来这事儿传到厂保卫科长那儿了。参加开国第一宴,那是随便说的?这不是满嘴跑舌头吗?赶到保卫科长一问他,他来了一句:"我说的是'出息?开锅递一眼'。熬白菜豆腐开锅了,我递过去一眼看见了,馋了想吃,您说我这点儿出息?"

让他这么一解释,大伙都乐了。要知道当时他要是冒充自己参加过"开国第一宴",那可不是小事儿,弄不好得判几年。

后来,"9·13"事件发生后,"二流"再也不提"四野"了。有一次,我问他:"您真是'四野'的?"

他笑道:"'四野'干吗?我'五野'的。"北京人一说这话,就证明他真是"四野"的了。

没过几天,他穿着美国大兵的皮猴儿(衣帽连体的军服)来上班。这种皮猴儿质量和款式相当好,在20世纪50年代最时髦,一件皮猴儿能换一辆自行车。

他洋洋得意地对我说:"瞧见没有,这是在'四野'打锦州的战利品。"

他身上有两处伤,是打仗的纪念。他还拿出两枚军功章让我看,证明他不是吹牛。

多可爱的一位师傅,"二流"要是活到现在得有九十多了。在他身上,我体会到北京人的幽默似乎是与生俱来的。事实上,我接触的老北京人不懂幽默的还真少。

天坛是世界上最大的祭天建筑群。主殿祈年殿又称"祈谷殿"。冬至这一天，帝王率百官到城外祭坛举行冬至祭祀大典，保佑国泰民安、五谷丰登。

51. 有嚼头儿的俏皮话

北京话的一大特点是幽默，因此离不开诙谐幽默的俏皮话。俏皮话不是北京人发明的，但北京人把俏皮话运用到了无所不在的地步。

什么叫无所不在？就是生活中眼面前的一切事物，都可以变为俏皮话，而且生动诙谐，逗人发笑。

俏皮话，其实就是歇后语，有人认为二者有所区别，但您细琢磨，区别不大。所谓歇后语是把要说的话分为两部分，前一部分是"垫话"，打比方或隐语；后一部分是词义的解释，也可以省略，让人意会或猜测。因为前一部分说得诙谐幽默，所以人们才叫它俏皮话。

通常俏皮话一定要"歇后"，也就是说，真正要表达的意思在后面，比如："屎壳郎进花园——不是这里的虫儿"，"屎壳郎进花园"在前，"不是这里的虫儿"在后，但这句话要说的是"不是这里的虫儿"。

俏皮话不见得都俏皮、引人发笑，但一定要耐人寻味，让人有琢磨它、猜测品赏它的兴趣，比如：

　　门头沟的骆驼——倒霉（煤）；

　　被窝里打拳——你算第几把手儿；

　　肚脐眼儿插钥匙——开心；

　　麻子不是麻子——坑人，等等。

　　如果只说前半部分，您肯定觉得好玩，想知道后半部分。这也许就是俏皮话的语言魅力，看似通俗，实则深邃。

　　俏皮话的功能是：打比方，说道理，所以后半部分可以有多重解释，但一旦约定俗成了，它就不会改变了，比如："肚脐眼儿插钥匙"，后半部分的解释是"开心"，其实还可以有若干解释，如"找错地方了""不合槽儿""什么眼神"等，但大家都认可"开心"，那它就成了"标准答案"。

　　俏皮话的构成样式很多，但最常见的是以下四种：

　　一、前半部分是比喻，后半部分是结论。如：

　　十五个吊桶打水——七上八下；

　　大腿上把脉——瞎摸；

　　张飞吃豆芽——小菜一碟儿；

　　武大郎玩夜猫子——什么人玩什么鸟儿；

　　老妈儿抱孩子——人家的。

　　二、利用前边的谐音，换一个角度来解释，产生诙谐的效果。如：

　　嗑瓜子嗑出来个臭虫——什么人儿（仁儿）都有；

　　断了弦儿的琵琶——没法谈（弹）了；

　　三九天的冻豆腐——没法办（拌）；

饭馆里的菜——老吵（炒）着。

三、前边设置一个情境（词语），后边进行出人意料的解释，体现其俏皮的味道。如：

锅盖上画了个鼻子——好大的脸；

狗带嚼子——胡勒；

胡萝卜就酒——嘎嘣脆；

瞎子磨刀——快了。

四、利用前半部分的多音字和同义词，后半部分巧妙地接话茬儿，产生诙谐效果。如：

姓何的嫁给姓郑的——正合适（郑何氏）；

巧儿他爸打巧儿他妈——巧儿极（急）了。

一些俏皮话在使用过程中，逐渐被人们熟知，于是去掉了后半句，保留了前半句，或者保留了后半句，去掉了前半句，演变为北京土话。如：

"天桥的把式——光说不练。"保留了"天桥的把式"，人们也知道是指"光说不练"。

"二郎神缝皮袄——神聊。"去了后半句，只说"二郎神缝皮袄"，人们也知道这句话的意思是"神聊"。

类似的还有："牛蹄子两半子""一个唱红脸，一个唱白脸""上了八宝山""狗撑八泡屎""满嘴跑舌头""肝儿颤""胯骨轴儿上的亲戚""拐着弯儿的朋友""房上的兽儿""卢沟桥的狮子"等。

随着社会的发展，一些新的俏皮话也不断产生，而且有点儿像谜语，如：

草地上来了一群羊——草莓（没）；

草地上有群羊，狼来了——杨梅（羊没）。

俏皮话的使用要恰到好处，才能起到幽默的效果。说俏皮话讲究语境，即说话的环境，如果周围多是熟人，脾气秉性也都相投，说两句俏皮话，博大家一笑，可以活跃一下气氛。

反之，互相不熟，也不了解对方性格，您上来就说俏皮话，就会引起人家的误会了。这是"和尚脑袋上的虱子——明摆的事儿"。您说是不是？所以单纯为追求幽默，滥用俏皮话，会适得其反。

52."五一九"之夜抖机灵

　　幽默是个外来语。据林语堂先生的考证,它来自英语。幽默需要智慧和机智,所以并不是任何人都会幽默,或者说懂幽默。

　　北京人的幽默感,跟天性有关。我小时候,常听胡同里的老人说一句俏皮话:"拔下眉毛当哨儿吹。"这句话直到我成年以后才明白,原来它形容的是老北京人的机智。

　　拔下眉毛当哨儿吹,您说这句话多幽默吧?

　　为什么北京人幽默呢?因为老北京是帝都,历史上很多大的事件都发生在北京,生于斯长于斯的北京人,经得多,见得广,在生活中活得恬淡从容,许多人大惊小怪的事,在北京人眼里却司空见惯,所以,让北京人觉得可笑。

　　其次,北京人心宽,活得比较悠闲和洒脱,闲得没事儿,可不就管二大妈叫婶子,没话搭拉话,逗逗闷子吧。相声这种艺术,为什么会在北京诞生,就是这个原因。

　　此外,北京是政治文化中心,北京人历来讲究"官面儿",

即逢场作戏,见人下菜碟儿。老年间有句顺口溜儿:"京油子,卫嘴子,保定府的勾腿子。"什么意思呢?北京人油滑。"卫"是天津卫,天津人会说。保定府离这两座城市近,什么都跟着学。另一说"保定府的勾腿子","勾腿子"是武术术语,即会练武术,这当然是好听的。不管怎么说,外地人认为北京人在外场比较圆滑。

官场的礼数多规矩大,为了讨主人的喜欢,没有巧舌如簧的本事,也得有八面玲珑的心眼儿,所以练就了北京人见什么人说什么话的圆滑。日积月累,让北京人具备了脱口秀的风习。

另外,幽默绝对需要某种智慧或机智,它能避免或缓和矛盾,调节气氛,是处理突发事件的润滑剂。见多识广的北京人有这种"天赋"。

举个例子,您也许知道中国足球的"5·19事件",1985年5月19日,曾雪麟率领的国家队,在世界杯预选赛的小组比赛中,跟同组的香港队,在只要打平就能出线的情况下,结果大意失荆州,以1:2告负。北京球迷急了,围堵香港队大巴,又上街烧汽车,砸商店,酿成了"事件"。

却说那天晚上,香港足球队在工体被围困到夜里12点多,才坐着大巴,来到事先订好的北海仿膳饭庄吃饭。

经历了一番大折腾,此时的香港队员一个个惊魂未定,面带晦气。谁知屋漏偏遭连阴雨,大伙儿刚落座儿,突然意外停电了,大厅一片漆黑。

您说碰到这种情况怎么办?当时香港还没回归,虽然停电纯属偶然，但赶在这个时候，弄不好又是一个"事件"。

正在香港队员疑云重重、惶然失色之际，饭庄老经理灵机一动，来到大厅对大伙儿说："朋友们，你们是我们饭庄最尊贵的客人。今晚你们光临，我们要按皇家的礼仪，给诸位举行烛光晚宴。"

啊？没灯，是为了举办烛光晚宴！话音刚落，响起一片掌声。紧接着服务员给每个餐桌点上了蜡烛。

一场突发的危机，让老经理机灵的一个幽默给化解了，惊讶成了惊喜。这也许就是北京人遇事不慌产生的机智。

当然，人与人的性格不一样，有人随和，有人严谨；有人开朗，有人内向；有人擅聊，有人口拙；北京人也有不幽默的，但我说的是大多数吧。

北京人的幽默是语言的自然流露，不是刻意说出来的，因此，显得亲切自如。这种幽默，除了在具体的语境中能体现出来以外，还有能从大量的形容词构成的北京土话里看出来。

这些土语原本是形容某种人或某种事儿的一句话，因为生动形象，被更多的人引用，逐渐就浓缩为一个词，后来约定俗成，变成了北京土话。请看下面的词儿：

穷磨蹭、嘎（gà）悠、磨叽、面、蜗牛、面瓜、毛毛虫、真够肉的、肉蛆、慢半拍、急死人不偿命、散步呢、大脑进水、脑僵、木头人，等等。

您一看就知道，这些都是形容慢性子人的北京土话。类似的还有很多很多。当然，您如果细琢磨，这些词都挺有意思,也挺好玩儿,比如"毛毛虫""肉蛆",一点一点地往前爬,活脱是干事儿磨磨蹭蹭的人的写照。

有些词儿到了北京人这儿就变了,比如"抬杠",北京话叫"搬杠"。"抬"和"搬"的动作肯定不一样,"搬"有相互较劲的意思,比"抬"要生动,也幽默。

幽默需要夸张,比如形容一个人圆滑的样子,有句北京话叫"满脸跑眉毛",形容一个人说大话,叫"满嘴跑舌头"或"满嘴跑火车",这就是夸张,但很形象。

幽默往往不是土话中的某个词儿,引人发笑,而是这个词儿用在什么地方和什么时候,以及说这个词儿时的语气。

比如坐地铁人多,前面的人踩您脚了,他如果说声对不起,这也许不叫事儿。但他如果不说道歉的话,若无其事,您当然心里不高兴,换了北京人也许会对他来一句:"呦,没留神硌您脚了。"

这就是北京人的幽默,别人踩您脚,您反倒说把人家的脚给硌了。

解放初期的北京胡同生活

53. 修车的说自己是"拿破轮"

幽默有很多手法，夸张是其中之一。北京人爱说一个词："死了"，如："疼死我了！""躺儿死我了！""渴死我了！"真是"死了"吗？死了就不会说话了！这是一种幽默，表示"非常"的意思。

还有一种是说反话。比如对方说的话，你明明非常反感，却反过来说："你说得太好了！""你怎么那么理解我呢？""你可真够疼我的。""你怎那么爱我呢？""等着吧，早晚有你好瞧的！"

明明是喜欢对方，却要反过来说："你这臭噶锛儿的！""你这该死的！""瞧这熊孩子！"

有时为了达到幽默的效果，对对方的话不满意，还要顺着他的话，再添两把火。例如："瞧你这穷酸相儿，这鞋是不是在地摊儿买的呀？"对方跟着来一句："买？您真看得起我！这鞋是我在街上捡的。"这就是北京人所说："说他咳嗽，他就喘；说他脚小，他站不住了。"

再比如："你还来劲啦！"看起来是一句带有褒义的好话，其实是一句带有挑衅的斗气儿话。

另一种是故意打岔，比如您说："我这瓷瓶是康熙年的。"他看了看说："我看不是康西，是康东年的。"

再比如，有人问我："听说您是作家？"我随口搭音儿："是呀，天天在家里坐着。"那人听了会呵呵一笑："这么个作家呀？"

启功先生也常常借谐音玩把幽默，有人介绍他是"博导"，他听了马上说："我不是博导，是拨倒，一拨拉就倒。"

启功先生当文史馆馆长以后，有人告诉他，这是部级。他听了，笑道："'不急'？我这岁数，遇见事儿是真'不急'。"

生活中这种幽默很多，一位老爷子坐公交车，投了一块钱。司机看了一眼说："空调车两块。"老爷子说："是凉快。"司机说："投两块。"老爷子说："不光头凉快，浑身都凉快。"说完往后走，司机说："我告诉你投两块。"老爷子说："我看后头人少更凉快。"司机听到这儿也忍不住笑喷了。

还比如，一个朋友问老李："你诚实说，一年能挣多少钱？"老李说："三十万吧。"朋友听了一惊，问道："挣这么多？你诚实了吗？"老李说："我当然乘十了，都快乘二十了！"

我在网上看到过一个段子：一个洗碗的阿姨嫌洗碗工这个名儿不好听，给自己起个很牛气的名儿叫"瓷洗太后"；隔壁补车胎的师傅看了，受到启发，也改了个有国际范儿的名儿叫"拿破轮"；不远处的电焊铺老板看了，也不甘寂寞，把自家铺子改为"焊武帝"；旁边糖果店的老板一见他敢起这名儿，两天以后也换了招牌"糖太宗"；几米远的切糕店的老板看见了这个招牌，第二天就换了店名"汉糕祖"。

这些人正为改名儿吵得不可开交时，拉粪的粪车从这儿经过，淘粪工看罢跳下车，找了纸笔，写了三个字，大喊一声："你们谁也别争了，看看我是谁！"众人一看上书"秦屎皇"，立刻无语了。您瞧这就是借谐音产生的幽默效果。

借题发挥产生的幽默也很普遍。借着对方的话茬儿往下说，例如北京人管老闺女叫"当妈的贴身小棉袄"。一位母亲不同意女儿找的男朋友，对她男朋友说："你知道她是我的小棉袄吗？"对方说："知道又怎么样？"母亲说："我还没穿呢，你就把她给我拿走了！"

北京话的幽默是随处可见的。走在街上，请人让道儿，老北京人绝对不说："靠边儿！"或者："起开点儿！"一定会说："劳驾了您呐！"或者："蹭油了您呐！"

"蹭油了"是一句老北京土话，意思是我手里拿着油瓶子呢，留神别蹭您一身。谁不怕蹭一身油呀？一听这话是不是得赶紧给他让道儿？

其实他什么也没拿，这么说，只是一种幽默。当然，这句话，您如果不在特定的场合说，就没有幽默感了。

说话大喘气，也是北京人幽默的一种手法。有个很出名的笑话——有个秀才参加一老太太的寿宴，主人知道他有学问，让他说两句祝寿的话。他一开口就说："这个女人不是人。"主人一听顿时不高兴了：怎么上来就骂人呀？正要发火儿，秀才说出了后半句："九天仙女下寰尘。"主人听了转怒为喜，夸他有学问。

当年我的师傅"二流"说话也爱大喘气。有一次聊天儿,他说:"我们家孩子考上北京大学了!"大伙儿一听自然为他高兴。我随口问道:"真的?"想不到他嘿嘿一笑说:"要是真的就好了!"您说他逗不逗吧?

有一次,我跟几个朋友到饭馆吃饭,菜炒得咸了。一个朋友让服务员把经理叫过来说:"刚才进门儿的时候,见门口停着两辆警车。你知道吗?"

赶上经理是老北京人,一听这话,马上明白了这句话的潜台词:"把卖盐的给打死了。"

他抖了个机灵,冲大伙儿微微一笑说:"抱歉了,我知道了诸位口轻,您再重新点俩味儿淡的菜,多少钱冲我说话。"

您看北京人多有幽默感,不好听的话,他能拐弯儿说出来。

54. 慈禧赐名的"咯吱"不靠谱儿

北京土话的一个特点,是带有形容性的。许多土话是形容某些事物,打比方而产生的,所以含有比喻的性质,如:

她长得水葱(皮肤白嫩)似的。

怎么掉链子(关键时刻退缩了)啦?

他也耷拉肩膀(不管了,或泄气了)了。

怎么土猴儿(浑身是土)似的就来了?

能把事儿办成,我得烧高香(念他的好儿)。

这点儿吃的,不够我们哥儿几个塞牙缝儿(少之又少)的。

刚发了一笔小财,就张罗买车,真够烧包儿(大脑发热,夸财显富)的。

他倒好,对这事儿不闻不问,大撒巴掌(放任自流)了。

你昨儿怎么蔫不出溜(不声不响)就颠儿(走了)了?

由于有比喻的性质,这类北京土话很多时候,还可以引申,如"耷拉肩膀",可以引申的土话还有"溜肩膀""拉稀""拉了胯"等,意思与前者大体相同。

由于北京人喜欢幽默，而且爱较真儿和抬杠，所以说话时总想证明自己的观点是正确的，因此喜欢拿眼面前的事物来打比方，创造了许多有借代关系和比喻形容的土话，如：

上相——形容长得好看；

刷白——刷，读 shuà，形容色白而微微发青；

打镲——拿人取笑，逗着玩儿；

叫水——形容吃的东西咸，感到口渴；

顶缸——本来与己无关，却代替别人受过；

脸大——形容人开通，说话不羞涩；

开涮——比喻人说话不算话，有意哄骗人；

靠谱儿——说话有准儿，办事牢靠；

侃大山——也写成"砍大山"，比喻神聊海说；

气管炎——"妻管严"的谐音，比喻惧内；

耍贫嘴——说一些无关痛痒的话；

顶着雷——比喻这事担着很大风险；

幺蛾子——本来是骨牌的点儿，借喻出歪点子惹麻烦；

乱了营——比喻像打了败仗的兵营一样混乱；

老着脸——舍脸之意，形容不顾羞惭去求情办事；

吃瓜络儿——比喻受到别人的牵连；

挨着牌儿——依次，形容像挂着的小牌一样按顺序来；

溜溜缝儿——吃了饺子或面条再喝汤，像溜墙缝一样；

织毛活儿——自己手织毛衣；

不是个儿——比喻没把对手看在眼里；

连毛儿僧——形容头发长，凌乱，样子难看；

罗圈儿架——形容打架的关系像罗圈儿一样复杂；
打头碰脸——形容关系比较近，经常见面；
半斤八两——隐喻表面看有所不同，但实际一样；
云山雾罩——形容说话不着边际，如在云雾之中；
大马金刀——形容举止豪放，爽快，勇往直前；
火燎眉毛——形容心急火燎的样子；
跟头流星——形容走道不稳，晃晃悠悠的样子；
神眉鬼道儿——形容举止神神秘秘的样子；
高扛着脸儿——人仰着脑袋，自以为是，架子大；
起哄架秧子——跟自己没什么关系，却跟着起哄；
大馒头堵嘴——自己招的事，所以在人前不好说话；
胯骨轴儿上的亲戚——比喻关系非常远；
七个不服八个不忿儿——形容对谁都不服气；
全须全尾儿——像蛐蛐儿一样经过搏击，还保持完好。
　　尾，读 yǐ；

在这些带有形容和比喻性的土语中，还有一些带有嘲讽意味的土语，听起来非常有意思，如：

棒槌——假行家；
抠门儿——吝啬鬼；
活祖宗——讽刺长辈对孩子的溺爱；
老陈人——比喻单位的老职工或家里的老用人；
会叫人——形容小孩懂礼貌，知道跟人打招呼；
拉抽屉——形容人说话不算数，一会儿一变；

豁鼻子——比喻把对方的秘密一下子揭开了；
挂鼻子——比喻不好闻的味儿长久能闻到；
认死扣儿——比喻人任性，认死理儿；
钱儿堆着——形容家里有很多钱，夸财斗富；
夹板儿气——两边都受气；
青筋暴流——形容人愤怒的样子；
红脸汉子——形容人的性情真率；
撅头拍子——形容不懂人情世故，狂妄自大；
尖嘴儿猴腮——形容人瘦，但是又有心计；
猴儿了吧唧——形容人像猴儿一样爱调皮捣蛋；
狗颠屁股儿——形容人溜须拍马、谄媚的样子；
嘎杂琉璃球——对品行不端，经常惹事之人的谑称；
拉不下脸来——比喻对有些事不好意思说；
狼牙狗啃的——形容东西的边缘不整齐；
缺德带冒烟儿——形容人没有好的品德。
掐人嗓子眼儿——形容有权者使狠招儿治人；
拉舌头扯簸箕——形容挑拨离间，搬弄口舌是非；

有些形容词被直接用到口语里了，比如"下盘棋"，北京人直接说"杀盘棋"。"杀"是形容下棋像一种你"死"我"活"的博弈，犹如打杀，输了是死，赢了是活。

再比如北京话把洗澡叫"干净干净"，把理发刮脸叫"拾掇门脸儿"，把渴了叫"叫水"，把撒尿叫"走水"，把肚子饿了叫"唱空城计"，等等，这些都是张口就来的，但大家都明白是什么意思。

带有形容词的北京话，有些是有典故和传说的，但这种民间传说带有传奇色彩，并非真实。比如"咯吱"，本来是绿豆皮做的，炸出来焦脆，吃着咯吱咯吱地响，因此得名。这俩字是形容词，也属象声词，并无他意。但民间传说把它"演译"为这样一个故事：

慈禧太后到东陵祭祖，路上来到"农家乐"饭馆打尖儿，店主人知道老佛爷喜欢尝鲜儿，便把当地最好的特产绿豆皮端上了桌。

慈禧老佛爷没见过这东西，随口问道："这是什么吃食呀？"

店主说："没名儿，就是我们这儿家家户户用绿豆做的皮子。"

慈禧尝了一口，点了点头说："嗯，好吃，搁这儿吧！"

店主一听这话，立马儿给慈禧跪下了，连声说道："谢老佛爷赐名。"

从此，绿豆皮儿就叫"搁这儿"了。但"搁这儿"写出来，常常让人误会，它跟"咯吱"同音，于是后来就改写成了"咯吱"。

故事说得有鼻子有眼儿，但您稍微动动脑子，就会发现这能是真事儿吗？

再如"萨其马"，本来在满语里是一种点心，这仨字在字面上没有字义，但在民间却给演绎了，说这个词最早叫"杀骑马"，为什么叫这个名呢？

原来有个姓萨的满族将领，喜欢打猎回来吃小吃，要求他的厨师经常变换花样儿。一天,厨师在用鸡蛋和面准备炸成条,让人骑马回家取蜂蜜蘸着吃,但蜂蜜没取回来,将军打猎回来了,见小吃没做出来,把厨师臭骂了一顿。

厨师觉得因为那个骑马的动作慢,自己才挨骂,说应该杀那骑马的。小吃做出来后,将军一尝,感觉味道不错,问厨师这点心叫什么,厨师随口说"杀骑马"。

故事编得生动有趣,但并非是真事儿。

55. 老北京人"卖山音儿"

　　外地人如果跟北京人接触的时间长了，就会觉得北京话特别有意思。换句话说就是耐人寻味。为什么会觉得有"意思"呢？因为北京话除了幽默，另一个特点是含蓄和委婉。

　　含蓄也是北京人的性格特点，因为老北京人生活在皇上的眼皮底下，礼数多，规矩大，讲究有里有面儿，生活中有许多忌讳，所以造就了北京人说话的含蓄与委婉，这一特点自然也体现在北京土话中。

　　北京人说话，有时不直截了当，而是绕两圈儿，而且一词多义。不了解北京的风土人情，不清楚北京的历史掌故，有时确实让人摸不着头脑。有时明明北京人在讽刺您、讥笑您，您还以为他说的是好听的呢。

　　"德性"是个好词儿吧？可是到了北京人嘴里，却成了骂人的话。假如你开玩笑过了头儿，把北京人惹恼了，他会随口说："德性！"或"德性劲儿的！"一个人干了坏事、丑事儿，北京人会说："瞧他那德性！"单看字面儿都是好词，实际上是正话反着说,说你"德性",其实是"没德性"。

老北京有句土话叫"卖嚷嚷儿"或"卖山音儿",这俩词是指有话不直说,指桑骂槐地让对方难堪。

比如,屋里有几个人,乙说的话,甲不受听,但甲并不跟乙明说,而是冲大伙儿说:"谁呀这是,早起没刷牙吧?怎么把一宿的口臭都带到这儿来了?出门之前刷刷牙漱漱口不费事吧?"

乙一听这话,明白了,会说:"得了嘿,别卖山音儿了。我知道您冲着我来的。"

您看北京话有意思吧。

邻居张二婶一个人在家,张二哥的同事来串门儿。按北京老规矩,女人单独在家是不能进门的。同事的脸皮厚,问张二婶:"我二哥没在家?"

张二婶说:"没在。""我二哥干吗去了?"张二婶说:"你二哥磨刀去了。"这句话的话外音是:你赶紧走吧。不走,二哥拿刀跟你算账来了。您瞧北京人说话多巧妙。

马三立有段相声,讽刺爱吹牛的人。甲说了许多大话,最后,乙问甲:"你饭量怎么样?"甲说:"什么饭量怎么样?"乙问:"你一顿吃几碗干饭?"甲说:"我也不知道自己吃几碗干饭。"

不知道自己吃几碗干饭,是一句北京土话,是嘲讽生活中那些不知天高地厚之人的。

56. 北京话的含蓄与委婉

头两年，北京流行过一个段子，说一个老外来中国留学，苦学了十多年的汉语，自认为已经"毕业"，但在参加普通话的等级考试时，却被一道题给难住了。其实，这道题看上去很简单，请解释下文中每个"意思"的意思：

某人给领导送红包时，两人的对话颇有意思。领导："你这是什么意思？"某人："没什么意思，只是跟您意思意思。"领导："我明白你的意思，但你这样做就不够意思了。"某人："我这不过是一点小意思，也没有别的意思。"领导："你这人真有意思。"某人："看来您明白了我的意思。"领导："那我就不好意思了。"某人："您别不好意思，这点小意思，让我觉得很不好意思。"

老外抓耳挠腮，呆坐了半个多小时，最后也没弄清这些"意思"都是什么意思，只好交了白卷。

您看"意思"这个词，包括了多少意思。当然"意思"还不算纯粹的北京土话，如果说北京土话，则更难懂了。

类似这样有多重含义的北京土话很多，比如"方便"这个词，内涵就很含蓄：

"您现在方便吗？我想让您行个方便，帮我把孩子上学的问题解决了。"

"得了，您方便让我过一下，我要方便一下去。"

这两句话里的"方便"，不用我解释，您也知道都是什么意思。

还有"东西"这个词，在北京话里也很含蓄。假如有多人在场，您送给某人的礼物不愿意让人知道，往往会跟他说："给您的东西带来了。"这里的"东西"指的是物。

"东西"同时也是北京人骂人的话，某人品质有问题，北京人会说："这人可不是东西。"

记得当年在工厂当工人时，师傅之间喜欢开玩笑，谁的小孩儿来厂子玩儿，有人便问小孩儿："你爸爸是东西吗？"小孩儿不明就里自然回答："我爸爸不是东西。"引来一阵哄笑。

其实小孩儿是无法回答的，因为他如果说"我爸是东西"，照样会引起嘲弄声。这就是北京话的含蓄性。

很多北京话的意思是不直接说出来的，比如：老北京人进澡堂子，他不会说洗澡，而是说"干净干净"；去饭馆吃饭不说下馆子，而是说"到外面撮一顿"；坐车出门，半道儿想撒尿，不说撒尿，而是说："想下去唱歌"；没留神踩着地上的狗屎了，他会说："踩着地雷了"。

马三立有个相声段子，甲问乙："你什么时候出来的？"

乙急了说:"说谁呢? 我什么时候进去了?"甲说:"谁说你进去了?"乙说:"那你说我出来了?"

这"出来""进去",您别以为是说"出门""进门",而是暗指进公安局和出公安局。

还有"欠"这个词儿。比如谁做错了事,或者成心犯坏,北京人会说"真欠"或"够欠的"。

这是什么意思呢? 这里的"欠",不是欠债,而是"欠抽"或"欠打""欠骂"。抽、打、骂多露骨呀! 所以北京人给含蓄了。

北京话的含蓄性,还表现在即使是打架拌嘴也要拐个弯儿的。比如:"你还来劲啦!""得了,你的本事大,我管你叫爷爷行了吧?"看起来这两句是带有褒义的好话,其实是带有挑衅的斗气儿话。

出门没车,北京人会说:"今儿咱们'11路'吧。""11路"表面看像是11路公共汽车,其实跟公交车一点没关系,它是暗喻两条腿,也就是走着的意思。

老北京土话管走着,也叫"腿儿着"。不过,开车替您办事,也说"跑腿儿"。您瞧:"11路"和"腿儿着",听起来是不是更有味道?

上厕所,在老北京人的礼数里,也属在交际场合需要隐讳的词儿,所以北京话里关于去厕所有许多含蓄的词,如:内急、解手、净手、方便、吹哨、起夜、听响儿、更一下衣、解决下坠问题、下水道告急了、接接地气、跟您告个便儿、去趟1号(因为厕所多设在通道的两头,故有1号之称），等等。

　　当然现在表示厕所的词儿又多了，如卫生间、盥洗室、洗手间等。那年，我去台湾旅游，发现那里有的地方还把厕所叫更衣室和化妆间，细琢磨，跟北京话一样有意思。

57. 损人不带脏字的北京话

　　骂人不带脏字儿，北京话叫"吃枣不吐核儿"。小的时候，听胡同里的老北京人吵架拌嘴，北京土话也叫"骂街"。把人损得快没脸见人了，却不带一个脏字，您不得不佩服这些老北京人的"语言功夫"。

　　著名学者梁实秋先生是老北京人，他曾在一篇讲北京话骂人的文章里说："骂人要骂得微妙含蓄，你骂他一句，要使他不甚觉得是骂，等到想过一遍，才慢慢觉悟这句话不是好话，让他笑着的面孔由白而红，由红而紫，由紫而灰，这才是骂人的上乘。"

　　北京人拿话损人，大概就能起到这种脸色三变的作用，北京土话里的"损人"，也叫"糟改人"。糟改人的话，用北京土话说叫"片儿汤话"。这种话您要是明白它的含义，比那些骂人的脏字，还让人难堪。

　　比如您走道没留神碰了人一下，又没道声对不起，对方可能会说："长眼睛没？家里大人就告诉你这么走道儿？"您瞧，把家里大人都损了。

前两年，北京人讨论中超赛场上球迷的"京骂"，认为"京骂"太难听，有损北京的形象。其实，所谓"京骂"，就是"牛×""傻×"。这在北京土话里，并不是最难听的脏字。

我认为北京土话中，最难听的脏字是现在不少北京人常挂在嘴边儿上的"鸭挺的"这个词。这个词说快了，就变成了"淹的""丫的"或是"淹"。许多外地人不理解什么叫"淹的"。

一次，有个安徽朋友问我："你们北京人是不是喜欢腌咸菜呀？"

我听了一愣："你怎么知道的？"

他惑然不解地说："听你们北京人老说腌的腌的，那不是在说腌咸菜吗？"

这句话差点儿没把我笑喷喽。

是的，这个词确实让外地人难以理解，有个台湾朋友在北京住了几年，一张嘴也你淹你淹的。我问他："知道什么意思吗？"他说："这不是北京人的口头语吗？难道不是好词吗？"

其实，这是老北京骂人最狠的一个词，它的原话是"你小丫头养的"。丫头是什么意思？没过门儿（结婚）的女孩儿，叫丫头。此外，老北京人把"窑子"（妓院）里的妓女，也称为丫头。丫头养的，就是孩子不知道他亲爹是谁，换句话说就是"杂种×的"意思。所以在老北京，它是骂人最脏的字。当然，这个词只能用于第二人称或第三人称。

但是，现在别说外地人，就是许多年轻的北京人也不知道"你丫的"的原意，特别是"丫的"变音成"淹的"之后，有的年轻人不解其意，有时甚至还说成了"我丫的"。如同香港人根据"我×"发明了"哇噻"，许多人也拿这当好词儿一样，您说这不是闹笑话了吗？

北京话的含蓄性，把骂人的脏字给规避了。比如北京话里有句"你大爷的"或"他大爷的"，您单看这几个字，绝对干干净净，其实是一句骂人的话，跟"×你妈的""×他妈的"是一个意思，只不过把那个脏字"×"给省略了。有些人不懂，以为这是个普通的感叹语，甚至在公众场合也这么说，让老北京人听了觉得脸发热。

前几年，北京人为了规避那个"×"字，发明了一个词儿"握靠"。现在网络热词发展很快，许多忌讳的话，都根据谐音有了新词儿："我×"，直接写成了"卧槽"；"你妈"，写成了"泥马"；他妈，写成了"特么"。

北京话里的"子"字特别有意思，一般情况下，它发轻声，比如儿子、孩子。但有一种情况它的音很重，甚至会变音，发"贼"（zēi，念一声）的音。

什么情况呢？就是骂人的时候。比如北京人要是说："小贼，你等着！"那这个"小贼"的潜台词也许是"小兔崽子"或者"小王八羔子"。当然，有的时候，变音"贼"，本身就是骂人，比如把"孙子"，说成"孙贼"。

需要说明的是，"子"，变音为"贼"，往往是有潜台词的，有多重含义，诸如"等着瞧"或"早晚我要收拾你"等。虽然不是脏字，却是一句暗藏"杀机"的狠话。

当然有些骂人的脏话太含蓄，或者是用隐语，现在的年轻人听了不解其意，比如"茶壶"这个词，就是骂人的话。

"茶壶"是什么意思？老北京妓院有"站院子的"差事。这个差事，俗称"茶房"。这种人是专门伺候妓女和嫖客的。"站院子的"都是男的，因为要给嫖客和妓女端茶倒水，兼"望风"。嫖客和妓女在屋里腻歪，他在门口"撂高儿"（放哨的意思）。茶壶里的水没了，就喊一声"茶"或"壶"。他便进门给壶里续水，因此也管这种人叫"茶壶"。

当然这是最下贱的差事，通常干这行的对外人是难于启齿的，所以，说谁是"茶壶"，比直接骂他还让他受刺激。

58. "走"字敢情是大忌

　　隐讳和含蓄的北京土话，听起来非常婉转，有些避讳的字往往会换一种说法，这是北京话的一大特点。

　　比如北京人忌讳说"蛋"字，为什么呢？有两说儿：一种说法是"蛋"字有完蛋和滚蛋的意思，"玩蛋"不吉利，"滚蛋"是骂人；另一种说法是太监没"蛋"（睾丸），所以忌讳这个字。于是北京人说到这个"蛋"字就改口儿了。鸡蛋不叫鸡蛋，叫"鸡子儿"，鸡蛋壳白色的多，又叫它"白果儿"；炒鸡蛋也不好听，改叫"摊黄菜"；炒肉丝加鸡蛋、黄花、木耳，叫"木须肉"；鸡蛋汤叫"甩果儿汤"。

　　"玩"跟"完"是同音字，"完"是完了的意思，肯定让北京人忌讳，所以北京人说"玩"必加儿化韵，读"玩儿"。同时，跟"完"同音的词儿也换了口儿，如"肉丸子"改叫"狮子头"。

　　"走"也是老北京人忌讳的词儿。有一年，北京公交系统规范售票员的文明用语，让我当文化顾问。经过一年多的广泛征集和专家研讨，最后确定下"您好""请坐好""您走好"等七句礼貌用语。没想到公交车的售票员说了不到两个月，就说出了麻烦。

那天也是赶巧了，一位80多岁老太太下车的时候，年轻的女售票员客气地说了一句："大妈，您走好！"

老太太愣了一下，突然绷起脸来："姑娘，你这是方谁呢？""方人"是老北京土话，即"诅咒人"。

女售票员不解其意："我没说您不好呀？"

老太太把脸耷拉下来，说道："别瞧我这么大岁数，没病没灾，身子骨好好儿的，你方我死干吗？"

女售票员还想争辩，旁边一个老北京人说："姑娘，你不知道'走'是死的意思吗？"

女售票员这才恍然大悟，赶紧赔不是，但老太太不依不饶，一直告到了总公司。

没辙，后来这句礼貌用语被公交集团取消了。

确实，老北京人特忌讳说这个"走"字。据说著名京剧演员洪雪飞那年到新疆演出，临走时，见到院里的老邻居，跟人打招呼"我走了"，后来真就"走了"。

据媒体报道，那天，洪雪飞临走时，说出这个"走"字，当时一个老邻居就觉得不对劲，因为洪雪飞经常外出，见了街坊从来不说这个"走"字，于是赶忙替她遮掩："您出门儿几天呀？"洪雪飞不明就里，随口说："走不了几天。"

谁能想到，这个"走"字果然成了谶语，到了新疆，她所乘坐的大巴就发生了意外，在高速公路上侧翻了。

其实，事故不大，一车人除了洪雪飞都没大事，偏偏她头倚在窗玻璃上睡着了，车翻后玻璃碎了，一块有尖儿的石头扎在她的太阳穴上。那时她岁数并不大，意外"走了"，让人唏嘘不已。当然这并非迷信，只是赶巧了。

老北京人为了忌讳说这个"走"字，发明了许多同义的隐语，如：出门儿、出远门儿、出去一趟、跑趟腿儿、颠儿了、撒鸭子了、蔫出溜了、开路了、开路一马斯、开拔了、行动着了、拔腿了、该溜达了、腿儿着了、压马路去了、信马由缰了，等等。

老北京人好面子，跟钱有关的词儿也耻于出口，买东西，跟人讨价还价，往往要说："您再抬抬手儿""您的秤给高点儿""您高抬贵手"。"添点儿钱"不说添点儿钱，要说"您回回手儿"。

对那些不光彩的行为，如贪小便宜和小偷小摸等，北京话往往也忌讳直接说出那个"贪"字和"偷"字，一般要说"犯小""心窄"或"手痒痒了""手伸得够长的""顺东西"等。小偷小摸，也叫"手粘""三只手"或"佛爷"。这些都属于隐语。

正因为生活中有的话怕犯忌，才出现了这些隐语。有些隐语也属于北京土话的范畴。

59."死"有上百种说法

北京人的礼数大，规矩多，所以生活中有很多忌讳，尤其说话，中国古代就有"一言兴邦，一言丧邦"之说，很多时候，话不投机半句多，也许没留神，一句话说噌（念 cěng）了，可能就会让人撕破脸，本来是朋友，友谊的小船一翻，就成了冤家对头。

所以，北京人在说话时，有很多的忌讳。这些忌讳，主要体现在三个方面：

一是对人的尊重。 俗话说：当着矬人不说短话。比如对方家里的亲人刚去世，您在说话时，就要回避跟死有关的字眼儿。对方是生病的老人，您在他面前，就要少说别人生病或死了的话。

二是自尊，体现自身的教养和体面。 这是做人做事的细节所在，也是立身之本，比如在与人交谈时不带脏字，不说属于生活中隐讳性的语言，有些话不便明说，就换个词儿，以便增加别人对您的好感。

三是不说所谓忌讳的语言。生活中有很多属于隐私的事，还有许多不便明说的隐讳之事，比如拉屎、撒尿、性交、通奸、放屁、打嗝、偷摸等。在他人面前要回避说与之相关的话。

人类生活丰富多彩，生活中有些事儿随时都会发生，但见不得人，直说出来，让人听了别扭、尴尬，甚至添堵，比如两性的床帏之事，您能当众毫无顾忌地直说吗？

所以，北京人发明了许多词儿，替代了这些犯忌的话，如"放屁"，直接说显得不文明，北京话把它变成了别的有意思的词儿："出虚恭""拔塞子""下边跑气""闻着味儿了""谁打雷呢？"等。

又如"死"字，北京人也忌讳直接说出来，您想谁不怕死呀？所以，北京人发明了许多关于"死"的忌讳词儿。北京土话里，有关"死"的词儿就有近百个：

走了、没了、过去了、老了、过世了、永别了、咽气了、千秋了、歇了、彻底歇菜了、撒手了、撒手人寰了、了啦、一了百了啦、谢世了、下世了、往西去了、升天了、归天了、不在了、报销了、呜呼了、回去了、无常了、乌程了、归真了、盖白布了、捐馆了、往生了、盖张纸哭的过儿了、驾鹤西去了、弯回去了、拔腿了、收摊儿了、仙游了、光荣了、撂挑子了、三长两短了、上八宝山了、搞地下工作去了、到人生终点站了、葬玉埋香了、睡过去了起不来了、踹腿儿了、回不来了、入土了、挺在那儿了、谢幕了、去大烟筒胡同了、永眠了、进盒儿了、长眠了、不朽了、凋谢了、弃世了、听蛐蛐儿叫去了、闭眼了、回老家了、嘣噔仓了、不行了、虾咪了、就世了、翘辫子了、拔管子了、咽气了、翻白眼儿了、毙命了、交待了、远行了、当地下工作者了、见马克思去了、就木了、吃黑枣儿了、撂了、嘎嘣儿了、淹浸了、挂了、断气了、玩完了、上墙了、到阎王爷那儿报到去了、让阎王爷收了、冒烟儿了、找谁谁谁去了、嗝儿屁了、嗝儿屁着凉大海棠了、俩六一个幺、眼儿猴了，等等。

这还不算那些文词儿，如：身殒、薨、亡故、大故、殂、病逝、殁、作古、病故、身故、仙逝、溘逝、去世、长逝、见背、溘然长逝、告别人世、安息、与世长辞、一命呜呼、命赴黄泉、寿终正寝，等等。

此外，"死"还有专有名词，如佛教对死的表述：涅槃、坐化、羽化、圆寂、归寂、入寂、入灭、灭度等。

对特殊的"死"别有说法，如：牺牲、夭折、中殇、早逝、兰摧玉折、玉楼赴召、地下修文、献身、就义、送命、捐生、殉职、殉国、殉节、授命、阵亡、殉难、成仁、效死、效命沙场、舍生取义、马革裹尸、肝脑涂地、死于非命、以身许国，等等。

皇上的"死"另有说法：驾崩、晏驾、山陵崩、升遐、宾天、大行、千秋万岁等。

您瞧上面那么多词儿，说的都是"死"的意思，但没有一个"死"字儿。一方面，您能感觉到北京话的隐讳性；另一方面，您也能看到北京话的丰富性。

北京人好面子，在日常生活中忌讳直接说"钱"字，尽管北京人也跟各地方的人一样，喜欢钱。那么"钱"字怎么说呢？老北京管钱叫"票子""银子""真金白银""页子""锄子""包里的"。管美金，叫"美子""刀"；管欧元，叫"欧儿"。

到银行取钱一般只说"奔银行"或"看看折子"，领工资叫"取薪水"或"开支"，再老一点儿的词儿叫"官饷"。借钱叫"拆兑点儿"，数钱叫"点页子"，酬谢费叫"打喜儿"。

近些年，北京人又"造"了不少跟钱有关的新土语，比如：管钱叫"T"（音"替"），给钱叫"点替"或"打替"，一百块钱叫"老人头"，一千块钱叫"一本"或"一吨"，一万块钱叫"一个草字头"（万字的繁体字是"萬"，故有此说）或者"一个"，等等。

60. "老炮"原来是"老泡儿"

  北京话中的行业术语,以及江湖隐语,占有一定比重。行业术语,简称"行话";江湖隐语,也叫"黑话"。通常行话仅限于本行业的人之间的交流,只有极少数流传到社会上,逐渐被人们所熟知,并成为土语,如:叫板、挑大梁、有范儿、压轴儿、跑龙套、毛跟头、行头、下海、带彩儿,等等。
  这些原先都是京剧行当的行话。
  黑话,过去也叫"江湖口儿",它产生的原因比较复杂,有的原本是"黑道儿"上的暗语,后来流传出来,人们觉得好玩,逐渐扩散,成为北京土话,如:
  花了(脑袋出血)、刨坑儿(设置陷阱)、掐尖儿(收拾出头的人)、潜伏(打入内部刺探情况)、作局(设套儿)、报字号(通报姓名)、前科(之前做过案)、拴对儿(挑拨双方成冤家对头)、放血(拿刀捅人)、底儿潮(基础不好)、死磕(一拼到底),等等。
  有些隐语几经传播,被顺理成章地纳入普通话的范畴,比如：碰瓷儿、摆平、铲事儿、潜伏等，现在也会从央视主持人的嘴里说出来。

隐语跟土话不是一回事儿，它的产生有一定的局限性，最初只是在很小的范围内流传，但由于它新奇，受到年轻人的关注，尤其是中学生对这类隐语非常感兴趣，京城很多隐语是从中学生嘴里流传开的。当然，这类隐语的传播面儿比较窄，有的只流行于某一个时期，过后，这些隐语也就彻底地"隐退"了。

比如20世纪60年代后期到70年代中期，北京流行过的一些隐语，像老泡儿、圈子、拍婆子、飞帽子等。现在的年轻人恐怕都不知道是什么意思了。

2015年，由冯小刚主演的电影《老炮儿》火了一把，但许多人对什么叫"老炮"产生了疑问。有人把北京那些局气、有面儿的人叫"老炮"，有人把京城地面儿上的"爷"叫"老炮"，有人认为老北京人都可以称"老炮"，总之，都认为"老炮"是个好词儿。

为什么叫"老炮"呢？有人认为北京东城有条炮局胡同，胡同里有个监狱，北京的"老炮"爱打抱不平，所以大都进过局子（监狱），"老炮"这个词是从炮局胡同这儿来的。

这些说得头头是道，但其实都是望文生义的信口开河。我是在胡同里长大的，"老炮"这个词从小就说，只是后来这个词销声匿迹了，要不是冯小刚的这部电影，北京人谁会聊起"老炮"这个词来呢？

什么是"老炮"？说白了，就是北京地面儿上有点资历的老流氓。所谓的资历,就是蹲过大狱,人脉广,在道儿上,即流氓圈里有一定威望等。

我小的时候,京城的胡同论"片儿",几乎每片儿都有一两个"老炮"。那时,胡同的孩子喜欢打群架,每逢打架的时候,就会把自己这片儿的"老炮"抬出来,狐假虎威。

需要解释的是,"老炮"这个词,必须儿化韵,而且"炮"应该写成"泡",电影用的"炮"字,在北京话里是不能儿化韵的。

我跟一个80多岁的老北京探讨过"老泡儿"一词。他是老警察,当过派出所的所长,他说"老泡儿"最初是黑话,为什么叫"老泡儿"呢,因为这些老流氓见过风雨,像木头一样泡在水里,轻易不出面。

听他这么一说,我才恍然大悟。因为我接触过的"老泡儿"级的主儿,说话办事都很低调。根据电影里冯小刚扮演的角色,"老炮"应该写成"老泡儿",这才是北京话。不过现在自撰的词儿很多,写成"老炮儿"也没有什么人去计较。

61. 北京话的轻声"音变"

北京有个地名叫积水潭。潭的正确读音是 tán，但北京人一般都念 tān，即"积水滩"。好像那地方当年是积水形成的"沙滩"似的。

其实，积水潭在元代的北京，水面相当大，一直到它现在北面的北师大校区，都是一片汪洋。那会儿，积水潭是京杭大运河在北京的起点。北方的大码头呀！能停靠上百条大的货船，您想能有"滩"吗？

在北京话里，真正的"滩"字，是必须加儿化韵的，比如中国美术馆西边有个地名叫沙滩，因为当年这里是北京大学所在地，所以特别有名儿。老北大的红楼现在已经是国家级文物保护单位。

沙滩在北京话里一定要读"沙滩儿"。德胜门外有地名叫北沙滩和南沙滩，也要读成"北沙滩儿""南沙滩儿"。

在北京话里，类似的轻声"变音"字很多，特别是土语中的一些助词。变音这一现象主要体现在一些轻声词上，如：

好的，说成了"好 dɑi"，"的"音"逮"；

大爷，当这个词的意思是旧时大户人家仆役称排行居长的少主，现在指不好劳动、傲慢任性的男子时，说成"dè 爷"，"大"音"的"；

甭价，说成了"bíng 介"，"甭"音"并"，二声；

小李，说成了"小 lǐr"，"李"字后加儿化韵，音"里儿"；

赶落，说成了"赶 le"，"落"音"乐"。

完了，说成了"完 lèi"，"啦"音"累"。相关的词儿还有"好了""行了""走了"等，"了"都说成了 lèi，音"累"，变成了"好累""行累""走累"。"好了"说成"好累"，这不是猴儿吃麻花——蛮拧吗？

北京土话发轻声，一般是发卷舌音时会变音儿，比如：

跟前，变音后，读"跟潜儿"。

后尾，变音后，读"后以儿"。

数落，变音后，读"数喽儿"。

年下，音变后，读"年些"。

糟践，变音后，读"遭劲"。

叫唤，变音后，读"叫旱"。

动弹，变音后，读"动唤"，等等。

需要说明的是，这种变音是读的时候产生的，文字还应该是原来的，不变，也就是说，您不能把"年下"写成"年些"。

62. 让人莫名其妙的"变音"

由于语速快，北京话还会出现增减"音素"的现象，比如北京有条"三不老胡同"。很多人不明白什么叫"三不老"。

有一次，听一位"专家"在电视节目里白话（huo）：三不老胡同是从清代的大学问家袁枚那儿来的。袁枚活了82岁，生前有"三不老"的名言，即"足不老，笔不老，心不老"。

这位"专家"说得头头是道，但他忘了一条——三不老胡同早在明代就有了。扯到清代的袁老爷子那儿，那不是马奶奶和冯奶奶碰到一块儿，差得不是一点儿了！

这条胡同为什么叫"三不老"呢？原来这是"三保儿"的变音。

您一定知道郑和下西洋的故事。郑和在明代是有名儿的大内太监，小名"三保儿"，当年他就住在这条胡同，所以叫"三保儿胡同"，但老北京人说话有变音的习惯，叫着叫着"三保儿"就成了"三不老"。

北京人说话喜欢卷舌，卷舌音很容易发生变音现象，如：

"出乱子"的"乱"字，应该读 luàn，北京人却念成 làn "烂"；

"累得慌"的"慌"，应该读 huang，北京人却念成 hang，或 heng，即"累得哼"；

"闭上嘴"的"闭"应该读 bì，北京人却念成了 bìng "并"，即"并上嘴"；

"把水倒了"的"把"，应该读 bǎ，北京人却念 bǎi "摆"，即"摆水倒了"；

"告诉"的"诉"，应该读 sù，北京人却念 sòng "送"，即"告送"。

北京话的口语，最常见也是最让外地人难懂的是变调。变调之后，往往找不着与之相应的字，比如"您言语一声"的"言语"一词，用北京话说是"圆义"或"言一"。

"您圆义一声。"您要不跟外地人说清楚，人家哪儿懂"圆义"是什么意思呀？

再比如"好模样儿的"这句话，北京人会说成"好模（mú）搭央儿的"。"模样儿"，变音成 mú，后面还要配上个"搭央儿的"。

北京话里有个词"老论儿"，这个"论儿"，您要读 lùn，可就露怯了，北京话一定要读"老例儿"，意思是老年间传下来的说法和规矩。它实际上是变音字。

还有形容一个人反应迟钝，带点傻气，老北京有句土话叫"憨大郎儿"。这是什么意思呢？单从字面上难以解释，后来有人考证它是"寒得拉"的变音。"寒得拉"是北京西山里的秋虫,叫出的声儿有"寒得拉"的音,人们觉得它声音呆滞、缓慢,所以用到形容人那儿了,但说着说着音变了,"得拉"变成了"大郎儿"。

变调的词很多,再举几个例子,如

"喷香"的"喷"字,应该读 pèn,变调后,成了"pènr";

"尾巴",北京人说"以巴";

"凑合",北京人说"凑货";

"瓜嗒扁儿",北京人说"挂大扁儿";

"跟前",北京人说"跟浅儿";

"核桃",北京人说"核透";

"夹竹桃",北京人说"架竹桃";

"正经",北京人说"正景";

"麻绳"的"绳",正确读音是 shéng,北京人则说"麻舌儿"。

变调跟北京人说话的鼻音有关,北京话的鼻音很重,说话稍快一点就容易变调,比如:

"自己",北京人会说成"记葛儿"或"个葛儿""自葛儿";

"借光儿",北京人会说成"借瓜儿";

"耳朵眼儿",北京人会说成"耳道眼儿";

"大估摸",北京人会说成"大公母儿";

"别这样",北京人会说成"别这央儿";

"我和他",北京人会说成"我焊他";

"这事得您说话",北京人会说成"这事儿 děi 您说话"。

我认为只要在北京生活一段时间，多跟老北京人接触，掌握北京人说话的特点，北京话，包括北京的口语（京白），还是容易懂的。当然，这些变音字，外地人冷不丁地一听，会感到有些莫名其妙。

63. 您知道祈年殿念"旗年殿"吗

离西城区的三不老胡同不远，有条"刘兰塑胡同"。为什么叫这个名儿？难道刘兰塑是个人名吗？

人名是没错儿，不过，您先别望文生义地猜测。历史上压根儿没有刘兰塑这个人。敢情这仨字是老北京人的讹化音。

原来元代的北京城，有位非常有名的雕塑家叫刘元。他雕得像，栩栩如生，京城许多寺庙的塑像都出自他的手，他也受到人们喜爱，但后人在写书的时候，误将刘元写成了刘銮。銮，luán，音"峦"，指的是一种铃铛。

这一"銮"，麻烦了。老百姓不认识这个"銮"字呀，以为它念"兰"呢，于是刘元就变成了刘兰。有意思的是京城很多塑像都刻着刘銮塑，老百姓居然把这当成了人名，于是刘元这位雕塑家，就以讹传讹成了"刘兰塑"。

这地名元代就有了，已经叫了这么多年，所以就一直保留下来了。您说刘元冤不冤吧？好在那会儿也没知识产权一说，刘家后人只好默认了。

事实上，北京胡同里，这种以讹传讹的正经不少呢，比如钱粮胡同，准确的发音应该是"钱漏胡同"。那个"粮"字，应该读"漏"。明代这条胡同有铸钱的"钱局"，当时叫"钱堂胡同"，但叫着叫着就叫走了调，成了"钱粮胡同"。

此外还有：

"西河沿"的读音，应该是"西河燕儿"；

"演乐（音"月"）胡同"的读音，应该是"演药胡同"；

"白纸坊"的读音，应该是"白纸方"；

"木樨地"的读音，应该是"木须地"。原来此处为养马之地，种有大量苜蓿，故此得名"苜蓿地"，后改叫"木樨地"，等等。

老北京话把上学叫念书。那会儿，北京人念过书的不多。老北京许多吃"开口饭"的艺人，如说书的、说相声的、唱大鼓的，都没几个念过书的。

您会问了："说书的不识字，他怎么说呀？"这就是功夫了。

那会儿说书的、说相声的都是师父教，徒弟学，口传心授，死记硬背。所以那会儿的人，又把这行当称为"记问之学"。

问题是有的师父也不认识字，所以有些字就蒙着来了，特别是有些不常用的生僻字，还有常用但有音没字的北京话，只能找音同的字来代替，于是出现了许多讹化的北京话，如：

阜（音"负"）成门，说成"府成门"；

扒猪脸儿，说成"爬猪脸儿"；

发酵，说成"发孝"；

牛皋（音"高"），说成"牛搞"；

邂逅（音"后"），说成"谢够"；

星宿（音"秀"），说成"星肃"；

塑（音"素"）料，说成"嗍（suò）料"；

雕塑（音"素"），说成"雕嗍（suò）"；

酿冬瓜，说成"让冬瓜"；

鹤年堂，说成"豪年堂"；

徘徊，说成"排回"；

葱爆羊肉，说成"葱包羊肉"；

肴（yáo）肉，说成"肖肉"；

走穴（音"学"），说成"走噱"；

生肖（音"笑"），说成"生消"；

祈（音"旗"）年殿，说成"起年殿"；

剽（音"飘"）窃，说成"瓢窃"；

枸杞（音"起"）子，说成"狗鸡子"，等等。

生活中，这种讹化字音非常多。有些字的发音讹化后，北京人已经说顺了口儿，改起来也难，比如阜成门，从小就听老人们说"府成门"，您非让说它的正音"负成门"，往往找不回原来的感觉了；就像天坛的祈年殿，从小就叫"起年殿"，非念正音"旗年殿"，反倒觉得别扭了。

其实，这些字的标准音，北京人也能发，只是用到某个词或词组上，产生了音变，比如祈年殿的"祈"，正音是"旗"，"祈祷"这俩字，北京人肯定说"旗祷"，这没问题吧？但"祈"

字搁在"祈年殿"上,就变成"起"了。这种情况还不完全属于讹化,很大程度是口音产生的习惯。

当然,有些纯属于讹化的字音,我们还应该发正音,比如"甫"和"溥"字,很多北京人把甫(fǔ)念成 pǔ;把"溥"(pǔ)念成 fǔ。这是必须纠正的,咱不能姑息错字。

汉字的多音字很多,要想发音准确,您首先得明白这个词儿的意思,同样的字放到这个词或词组里,意思是不一样的,比如"曝"字,有两个发音,意思完全不同:"一曝十寒"的"曝"读 pù,晾晒的意思;"事情曝光"的"曝"读 bào,胶片曝光的意思。

所以要区别对待,事情"曝光",您念事情"铺光",那就满拧了,考试答题一分也不会有。

64. "自来红"变成了"自啦红"

20世纪70年代,我刚参加工作那会儿,北京人的文化水平还非常低,我们厂几百号人,只有五六个大学生,这无疑成了"宝贝"。我虽然是个带引号的初中毕业生,但在车间里,居然算是"文化人"。

那会儿,我不但是"小教员",业余时间教师傅们学文化,而且车间每天学习读报,成了我的"专职"。虽然我从小受外祖父的严教,会背一些古文,有点文字底子,但接受高等教育是当工人以后的事,当时跟"白字先生"差不多。印象中,浑身解(xiè)数这个成语,我念了好几年"浑身姐(jiě)数"。否(pǐ)极泰来,我也很长时间念"(fǒu)极泰来"。

当然,我的那些师傅说话时的讹化字就更多了,他们一直把"剥削",念成"包消";把"阐明",说成"善明"(因为门字里面的"单"字,也念"善");把"压迫",念成"压(pǎi)",因为有"迫击炮"这个名词,而我每次念正音时,他们反倒认为我说得不对,给我纠错。

直到多年以后,我见到当年车间的师傅聊起往事时,还想起当年"压"(pǎi)这个词。师傅跟我开玩笑道:"早不受压了,可一直pǎi着呢。"

当然有些讹化音,现在已经成了"正音",改起来很难,如:

尽量,北京话读"进量",准确发音是"紧量";
供给,北京话读"供 gěi",准确发音是"供几"(gōng jǐ);
殷红,北京话读"音红",准确发音是"烟红";
友谊,北京话读"友疑",准确发音是"友亿";
徇私,北京话读"寻私",准确发音是"讯私";
栓塞,北京话读"栓腮",准确发音是"栓涩";
粗犷,北京话读"粗矿",准确发音是"粗广";
内疚,北京话读"内究",准确发音是"内舅";
矢口,北京话读"师口",准确发音是"史口";
眩晕,北京话读"悬氲",准确发音是"绚运";
针灸,北京话读"针究",准确发音是"针九";
亚洲,北京话读"哑洲",准确发音是"讶洲";
甘肃,北京话读"甘苏",准确发音是"甘素";
伪劣,北京话读"伪略",准确发音是"伪列";
霍乱,北京话读"火乱",准确发音是"或乱";
讣告,北京话读"布告",准确发音是"负告";
诲人,北京话读"毁人",准确发音是"会人";
绯闻,北京话读"匪闻",准确发音是"飞闻";
刽子手,北京话读"快子手",准确发音是"贵子手";

白炽灯，北京话读"白知灯"，准确发音是"白赤灯"；

审时度势，北京话读"审时肚势"，准确发音是"审时夺势"，

小伙子块儿够壮的，北京话读"小伙子块儿够 zhuǎng 的"，等等。

有一年的中秋节前，我采访南来顺的老经理、小吃专家陈连生，陈先生是根儿在南城的老北京人，礼大规矩多，快过节了，特地送我两斤月饼，对我说："这可是按老北京的方法做的，你看看是什么？"

我打开包装盒一看，门钉大小的提浆月饼上，有个特显眼的红圈儿，笑道："自啦红呀！"随后又打开一盒再看，还有白圈儿的，跟着说："还有自啦白！"

他愣了一下，突然说道："什么红什么白？您再说一遍。"

我不明其意，随口说道："咱老北京人爱吃的月饼，自啦红，自啦白！"

"哎哟！"陈先生看着我，颇为兴奋地笑道，"这么多年写老北京，你没白写。这月饼，听了多少人说，都是'自来红'和'自来白'，商店里也是这么写的。在您这儿我听到老北京的正音了。嗯，'自啦红''自啦白'，听着顺耳！"

我笑着说："我也是迄小听老人们这么叫的。那会儿过八月节，咱北京人不都吃这种提浆月饼吗？现在都改吃广式月饼了，吃这种月饼的少了，难怪有些人不知道老北京人的叫法了。"

"就是嘛，地道的老北京音儿越来越听不到了！要不我怎

么听您说'自啦红'和'自啦白'激动呢!"他的确是用激动的口吻说这番话的。

"自来红"和"自来白"月饼是北京的特产,把这两个词说成"自啦红""自啦白",又是典型的北京话的讹变。但是,您看老北京人多执着,就认"自啦红""自啦白",尽管标签上明明写着"自来红""自来白"。

北京话的这种讹变的发音,随着城市的发展,人口的更迭,已经逐渐弱化了,许多讹化的字音儿,又按普通话的正确发音说了,比如"自来红"和"自来白",诚如陈先生所说,说"自啦"的越来越少了。

65. 北京话张嘴"吞"字儿

有些外地人说,听不懂北京话,特别是老北京人说的话。我觉得不是听不懂,而是听不清。

北京人说话的特点是语速快,所以发音吐字的时候,容易"吞音",或者说"吃"字儿,有的声母被轻声弱化了。该送气的时候不送气,甚至从原音节中减去某一个音素。还有就是韵母鼻音化和发卷舌音时的弱化,导致的变音"吞"字。

比如:"什刹海",标准读音是:shí chà hǎi,但北京人却读:shí shà hǎi,即"什煞海"。

有一次,我参加一个活动,上台讲话时说到了这个词,有位老北京人还特意给我"更正":"您应该说什煞海。"好像那个"刹"字,本应读"煞"似的。

"刹"是多音字,这没错儿。但什刹海的"刹"必须读"岔",因为这个地名来自周边的古刹。

但许多北京人却 chà 与 shà 不分,连公交车的售票员在报站名的时候,也说:shí shà hǎi。北京人在说 shí shà hǎi 时,因为语速快,会把"shí shà"变成一个音:"shar",把"什刹海"说成"什昂海",冷不丁一听,以为是"上海"呢。

再比如:北京人常说的一个词儿"可了(liǎo)儿的"。外地人一听就晕菜,这是什么意思呀?原来这是"可惜了儿的"变音,由于北京人说话快,把中间那个"惜"字给吞了。

前两年,北京电视台的天气预报节目,有个天气预报播音员在报当天的空气污染指数时,总说"空气湾指数"。我听了不知多少遍,总也搞不清她说的"空气湾"是什么意思。

后来向电视台的朋友请教,才弄清楚她说的"空气湾"是"空气污染"。因为她的语速忒快,把"污染"给变成了"湾"或"碗"了。

因为语速快,中间吞字儿或音变,在北京土话中,是一个比较普遍的现象,比如:"国安",说快了会变成一个字"关";"不知道"说快了,就成了"不儿道";大栅栏(dà shi lànr),说快了,变成了"大儿蜡";"看得过去"说快了,成了"看得过儿";"告诉你",说快了,成了"告儿你",等等。

同样,"东直门"的"直"字,也容易被"东"的音给"吞"了,"直"字的发音含糊不清,说成"东儿门"。"大家"会说成"大鸭","大家好"说成"大鸭好"。

其实,语速快不是北京话所独有的,有些南方话的发音甚至比北京话还要快。现在有些热词,也是根据半生不熟的普通话语速快的发音讹变而来的,比如:"酱紫",是从"这样子"讹化而来的。

什刹海银锭桥旧景

66."我脚着"是啥意思

如果出题考您:"北京人常挂嘴边儿的一个字是什么?"您肯定会说是"您"字。

确实,北京人说话,"您"字不离嘴。当然,"您"字早已经成了普通话,只不过北京话里的用法,跟普通话有所不同罢了。比如北京话说"来了您。""吃了吗您?",普通话一定要说:"您来了。""您吃了吗?"

其实,北京人经常挂在嘴边儿上的土话很多,这些土话也许只有北京人能说能懂,外地人听着费劲,属于北京所独有,其他地方不可能有的。

先列举几个词儿,看您懂不懂吧:

大概齐(大约)、闹了归齐(原来如此)、侧来(也有说"错来"和"侧其来"的,属于转折语,但是、可是的意思)、二来来(来不来)、二意思思(犹豫不决)、不吃劲(不要紧)、压根儿(原来是、根本就……)、起根儿(从一开始)、轻时(轻易)、点卯(到某处去一下,照个面儿)、说出大天来(说到头了)、念秧儿(唠叨)、犯嘀咕(心神不定)、熬头(郁闷)、够范儿(显得与众不同)、派头儿(有风度)、摆谱儿(端架子)、劳驾、劳您驾(客气话)、靠谱儿(可信)、有点儿二乎(举棋不定)、攀大(攀附于有势力的人)、赔不是(赔礼道歉),等等。

怎么样?估计多一半儿读者能看懂,因为这些土话北京人经常说,而且随着北京话在应用过程中的普及,有些土话已经纳入普通话的范畴,如:压根儿、嘀咕、范儿、派头儿、靠谱儿、摆谱儿、劳驾,等等。

由此可见,一些常用的北京话,经过时间的打磨,逐渐被普通话所"招安",也是一种趋势。

这些被北京人常挂在嘴边儿上的土话,由于常说常用,被更多的人——尤其是外地人,逐渐明白了它的字意,觉得有意思,也随着一起说,说的人越来越多,自然也就"普通"了。

但也有一些常挂在北京人嘴边的土话,由于意思难懂,或语音绕口,说的人越来越少,最后说没了,如:错来、侧来、起根儿、攀大,等等。

有人以说出的话里有没有北京土话,作为衡量是不是老北京人的标志。其实这是片面的,辨别他是不是老北京人,不看他的土话有多少,主要听他说话是不是京腔儿和京味儿语言。许多北京人挂在嘴边儿上的北京话,并不是刻意说出来的,而是不知不觉带出来的。刻意去说某些土话,反倒不是地道的京味儿了。

有一次,跟几个朋友聊天儿,在谈到某件事能不能做成的时候，其中一个北京人说："我脚着成。"

席间，一位四川朋友皱着眉头，看了看他的脚，问道："你的脚怎么啦？"

这句话把大伙儿都逗乐了。

原来，人们在发表个人观点时爱说"我觉得"，在老北京话里是说："我脚着。"

在现实生活中，您会发现许多挂在北京人嘴边儿上的话，有不少变音现象，比如：

就这样了，北京人会说成："就这央了"；

多会儿，北京人会说"多赞"；

一点点，北京人会说"一丢丢"；

好多，北京人会说"豪多"；

在家里，北京人会说"跟家漏"；

看不见，北京人会说"看不 jián（二声）"；

得啦，北京人会说"得嘞"，等等。

这些口语上的音变是细微的，也是北京话的一大特点，但您现在只能在"60后"之前的北京人嘴里听到，"70后"的北京人几乎听不到这种音变了。

67. 北京话里的讹化字

细品北京话，您不难发现有些字的读音是很古怪的，比如"打开鼻子说亮话"。您可能会纳闷儿：什么鼻子能打开呀？即便把鼻子打开了，说话就能亮吗？

其实，单从字面上看是无解的。实际上，"鼻子"是发音讹化后产生的字，它原本是"箅（bì）子"。凡是能起过滤和阻断作用的都叫箅子，如下水道上面的铁箅子。笊篱，有的地方也叫箅子。

如果您弄明白打开的是"箅子"，而不是"鼻子"，那么"说亮话"就好解释了。单说"打开鼻子说亮话"，您永远没法解释。

这种讹化字例子很多，北京话里还有一个词儿——人五人六。什么叫"人五"，什么叫"人六"呢？我琢磨了好多年，也没弄明白这"人五"是怎么回事儿。

有一年，我采访到《北京方言词典》的作者陈刚先生，他帮我解开了这个谜。原来"人五"是"人物"一词的讹化。

在老北京，一个人要是出人头地，有点儿出息，北京人会说："他也成人物了。""人物"这个词是褒义，但有时也用于贬义，比如有人不自量力，没什么本事，却牛气哄哄，北京人会说："有什么呀，还把自己当成人物了？"

"人五人六"就是这么来的，最初是"人物"，说着说着，讹化成了"人五"。有"人五"，就得有"人六"，于是俩凑一块儿了。但如果不是陈老给咱们解释，谁知道这里的典故呢？

北京话的发音讹化，主要有两个原因：一是北京人的发音习惯，二是由于北京人读错字造成的。

发音习惯是从老祖宗那儿传下来的，由于方言土语和发音造成的讹化，以至于约定俗成，讹化后的发音，变成了"正音"。这种例子很多，比如老北京人因为卷舌音和发轻声，出现声母的讹变，如：

好多，说成"豪多"；

糟蹋，说成"糟践"；

豆腐，说成"豆佛"；

落生，说成"烙生"；

蝴蝶，说成"户铁儿"；

琵琶，说成"琵怕"；

糊涂，说成"胡兔"；

二胡，说成"二呼"；

好咸，说成"齁儿咸"；

好多，说成"豪多"；

抻抻，说成"抻呇"；

牌坊，说成"牌放"；

法国，说成"发（fà）国"；

媳妇，说成"媳份儿"；

家里，说成"家喽"；

好些，说成"耗西"；

麻雀，说成"麻巧儿"；

稀罕，说成"歇汉"；

吓唬，说成"吓吼"；

杏核，说成"杏胡"；

脊梁，说成"脊娘"；

大估摸，说成"大公母儿"；

色迷瞪眼，说成"shǎi迷瞪眼"或"社迷瞪眼"，等等。

有些发音的讹化，是受外地口音的影响，在语音同化的过程中而产生的音变，比如：

你"甭"跟我来这套，讹化后，说成——你"并（bíng）"跟我来这套；

这东西别用手"摸"，讹化后，说成——这东西别用手"猫"；

我要跟您"学"，讹化后，说成——我要跟您"淆（xiáo）"；

您也姓刘，我们可是"当"家子，讹化后，说成——您也姓刘，我们可是"荡（dàng）"家子。

68. "话佐料"与口头语儿

"话佐料"是过去说相声的一种说法,指的是说话时,使用"啊""嚯""哎""呦""呀""嘀""哦""哈"等感叹词。

加了这些感叹词,自然会加重语气,增加话语的味道,以引起对方的注意。比如"您来啦"和"呦呵,来啦您!"同样一句话,加了"佐料",感觉就大不一样了。

北京人习惯在人堆里冷不丁地来一句,比如看演出喊好儿,有时会突然冒一句:"好嗨!""再来一段儿嘿!"

有时您在前边走得慢点儿,后面那位急性子,会来一嗓子:"走着嘿!"

您在人堆里伸胳膊,没留神碰到了北京人,他可能会来一句:"瞧着点儿嘿!这儿还一个大活人呢嘿!"

两个人在路上因为一点儿小事吵起来,北京人往往不去劝架,却在旁边给一嗓子:"得嘞嘿!这也叫事儿呀?说两句,嗓子眼儿痛快痛快得了嘿!"这类冷不丁的一嗓子,都离不开"话佐料"。

口头语儿,也叫"口头禅",是人们平时说话时的惯用词语。这种用语,有的是习惯,有的也可以说是毛病,在北京话里叫"零碎儿"。

我们平时说话,如果没有抑扬顿挫的不同语气,不加点儿"佐料",会显得白不呲咧,没有味道。加上点儿"话佐料",会显得生动,让人受听。如同蒸米饭加点儿红小豆,味道肯定会不一样。

比如这句话:"把您的车挪一下儿,让我的车过去。"如果这样直截了当说,当然可以。但您是不是觉得生硬?

假如加点儿"佐料":"哎,您能不能抬抬手儿让车动唤动唤(挪动的意思),行个方便,让我的车过去。得,给您添麻烦了。"

您看同样一件事,加进了"佐料",话里是不是透着委婉和有味儿了?

但您是不是觉得这么说话有点儿累,也忒啰唆了。同样一件事,十几个字能说明白,干吗那么费劲呢?

侯宝林和郭启儒在相声《戏剧与方言》里,聊了一段北京人起夜(半夜起来撒尿)跟邻居对话的事例。侯先生分别用北京、山西、山东、上海等几个地方的方言把这俩人的对话学了一遍,只有北京话最啰唆。

北京人礼多嘛,除了要说明起夜的原因之外,还要说一堆礼节性的问候与关照,自然就显得啰唆了。

其实,这也是北京话的特点。这一特点,跟老北京话讲究人情味儿有关。北京人的礼数多、规矩大,办什么事儿都讲究有里有面儿，什么都得关照到了，生怕有什么遗漏，让人挑了理儿，说话时总要考虑礼数是不是周全，还要照顾对方的情绪，所以说话就要带许多"零碎儿"，当这些"零碎儿"成了口语的"佐料"，就逐渐衍化成了口头语儿。

北京人说话口头语儿特别多，包括一些"语病"，有些在语法上也说不通，但北京人都这么说，也就约定俗成了，比如下面这几句话：

"那什么您先回回手儿把门打开，让我们进去怎么样？"

"那倒也是，你们不能白来一趟，怎么着也得在这儿喝杯茶再走吧，您说是不是？"

"您可听明白喽，咱们这是奔南走呢，离家可是越来越远了。"

"我说怎么样呀您？咱老哥儿俩有日子没见，您牙口儿还那么好，吃嘛嘛香是吧？"

"您瞧我一看您就是吃了来的，身上带着'二锅头'味儿呢。也是，您每天不喝二两，对得起谁呀，您说是不是？"

"真格的，这是齐白石的真迹，不蒙您，至少五百万。"

"还是回去吧，您讲话他跟咱们隔着心呢。再怎么着，他也不领情不是。"

这些口语里，有一些北京话里的"零碎儿"，如"这个""您瞧""是不是""我说""是吧"等；有些属于"口头语"，如"真是的""话说回来""真格的""不蒙您""再怎么着""不是"等。

这些口头语有"强调"的意思，也有"重申"的意味，如"再怎么着""您讲话""您说是不是?"当然,有些口头语儿,完全是出于说话的习惯,很多时候想扳也扳不过来。

我认识一个朋友,说话总是爱带"是不是",五句话里恨不能有三句带"是不是"这个口头语。

有一次我想矫正他这个口头语儿,结果他来了一句:"干吗呀你,要剥夺我的话语权是不是?"

我笑道:"你老'是不是'的,我听着心里闹得慌。"

他嘿然一笑道:"嫌闹您别听呀是不是?您不能不让我说话是不是?我不就喜欢说是不是吗?这有什么呀是不是?"

我听了赶紧缴械投降:"得了,您接着说您的是不是吧。"

看来,口头语儿一旦形成,改起来很难。其实,您如果留神观察,几乎每个人说话都会有口头语儿,只不过有的多,有的少而已。

有的口头语儿,现在已经成了说话写文章必不可少的"零碎"。比如"我敢说""应该说""实际上""实话说""说句大白话""说句实话""那什么""如果非要的话""用他的话说",等等。

有些口头语儿显得啰唆,但有的口头语儿又非说不可,因为这才能体现出北京人的人情味儿来,比如您跟老朋友久别重逢,人家抬头见喜:"您身子骨儿可好?瞧您气色看上去多好呀!"礼尚往来,您听了,自然要来一句:"借您吉言,我身体还凑合吧。"

"借您吉言"就是北京人常挂嘴边儿上的口头语儿。

相声作为民间的艺术形式，在以侯宝林为代表的前辈努力下，相声开始了美学层面的进展，创造了许多脍炙人口的好节目，丰富了人们的业余生活。

69. 词尾后缀并非可有可无

"尾巴",在北京话里要读"以巴"。所谓"话尾巴",就是语言学说的"词尾后缀"。

"后缀"是语言的装饰。这种装饰看上去可有可无,有,是为了说着顺嘴;没它,也能说得过去。其实,从说话的效果看,这种点缀还是很有必要的。

北京话的"后缀",一般以形容词、象声词、副词为主,如:绿不英儿的、苦不唧儿的、温得乎儿的、黑了吧唧、可惜了(liǎo)的、瞎了吧唧、黑不溜秋、胡鲁巴涂、毛了咕唧、老实巴交、肉不唧、闷得慌、千丝唿咧、花里胡哨、滑不溜丢、黑了咕咚、黄了咕奈、红不愣登、猴儿了巴唧、脑瓜勺子、丫头片子、胡诌巴咧,等等。

这里的"不英儿的""不唧儿的""得乎儿的""巴唧""溜秋""巴涂""咕唧""巴咧"等,从字义上说都没有实际意义,但放在词尾这么一"缀",则显得生动了。

"后缀",有时也带有"更""非常"的意思,如"黑了咕咚","黑"加上"咕咚",就是"非常黑"的意思,黑到什么份儿上了呢?都"咕咚"了。

什么叫"咕咚"呢?"咕咚"是个象声词,人摔个跟头,会"咕咚"一下。那么"黑了咕咚"的意思呢?就是黑到您不打手电,得"咕咚"摔跟头。

如果您留神的话,就会发现单音节的北京话很少。所谓单音节,就是发一个音,能代表一个意思的字,如"春""秋""天""地""人"等,都是单音节。

但实际上,北京话里很少有单独说这些字的,必须搭上一个字,组成双音节,如春天、秋季、天下、大地、大人等。

本来一个字就一个意思,为什么北京人却非要找个字"缀"一下,成为两个字,即单音节变为双音节呢?这跟北京人的说话习惯有关。如:

脆声(也有写"脆生"的)、细发、硬棒、甩搭、紧溜儿、皮实、瓷实、别介、愣葱、业障、乱乎、扒拉、热乎、颠鸭子、扑棱、单蹦儿等。

这些词的"后缀"纯是摆设,没有任何实际意义。

在北京话里还有一些词带"前缀"的现象,如:刷利(利落的意思)、干冷、倍儿亮、溜圆、杀口甜、苗条、单绷儿、滴溜儿圆(非常圆的意思)、滚开儿(汤或水烧开了)等。

这些词儿的词义是后面的字。"前缀"多是形容词,起修饰作用的,如"刷利",词义是"利"字,即利落、麻利。"刷"是形容词,形容利落劲儿"像刷子一样","刷"读 shuà;同时它也是象声词,像风一样"刷"地一下吹过来。再比如"溜圆",词根是"圆",前边的"溜"是光溜的意思。这一点跟"后缀"是不一样的。

北京话的"后缀"现象,跟北京人说话喜欢动情动容和习惯用夸张的手法有关,比如一个人穿的衣服比较花哨,北京人会说:"您瞧他穿得花里胡哨儿的,那么招眼。"

这里的"花里胡哨儿",其词义就是一个"花"字,加上"胡哨儿"(也可以写成"呼哨""嗯哨""乎哨"),则带有调侃的意味。

所以,北京话的"话尾巴",表面看与"话"没多大关系,可有可无,但细琢磨还是能起到一种烘托和渲染作用的。那些"吧唧""咕咚""咕唧""溜秋""咕奈"等"后缀"还是挺有用的。

70. 说着顺口儿的"四字格"

喜欢古籍的人，一定知道咱们老祖宗写文章，喜欢上口儿有韵，所以发明了行文的"四六句"，即便俩仨字儿就能说明白的事儿，也要愣凑成四个字或六个字。

这一套路，后来逐步成为汉语书面语的一种基本格式。不知您留意没有，汉语的书面语一旦形成"四字格"，通常便以"成语"的形式固定下来。

北京话似乎也是这路子，在长期的应用中，许多常用语也逐步演化为"四字格"，这与汉语书面语的格式基本一致。

这种"四字格"的土话，是北京人根据语言习惯和风土民情"拼凑"而成的。为什么是"拼凑"的呢？

因为有些四个字的词儿，其实一个字或两个字就能解决，可北京人非得说四个字不可。

没有怎么办？找象声词或副词来凑。比如"雾气沼沼""贫了吧唧""牛逼哄哄""圆了咕咚""沿可沿儿""可丁可卯"等，特别是用在形容词上，这一特点尤为明显。

比如前面的道儿黑，劝您走道要小心，北京人会说："前面黑灯瞎火的，您走道可得加点小心，别不留神玩个跟头，那可就得不偿失了。"

您瞧，简单的一句话里，就有四个"四字格"的字："黑灯瞎火""加点小心""玩个跟头""得不偿失"。

当然这不是北京人有意识这么说的，而是一种习惯。

北京话之所以形成"四字格"，主要是两个原因：一是受书面语"四六句"的影响；二是一个词变成四个字的格式，说起来上口儿，同时可以加重语气，强调要表达的意思。

其实，有些"四字格"的北京话，词根就是两个字，甚至一个字，其他的字都属"衬托"，有的还属"摆设"，并无实际意义。请看下面的"四字格"北京话：

血丝胡啦（流血过多）、臊眉耷眼（表情难堪）、起火冒烟（发了脾气）、托人弄钱（找关系托人）、筋头巴脑儿（次要部位）、蔫不出溜（性格内向）、球球蛋蛋（调皮捣蛋）、打头碰脸（经常见面）、浅房窄屋（房子太小）、攘名打鼓（自我炒作）、劲儿劲儿的（装模作样）、五迷三道（晕头转向）、稀里马虎（干事不专心）、二意思思（犹豫不决）、虚头巴脑（虚假不实）、七老八十（年龄很大）、找不着北（大脑发热）、犄角旮旯（边边角角）。

这里"血丝胡啦"的词根是"流血"；"臊眉耷眼"的词根是"害臊"；"起火冒烟"的词根是"发火"；"托人弄钱"的词根是"托人"词根俩字足以说明问题，其他的词儿都属"搭配"。

不过，北京话"四字格"以后，反倒有利于传播和普及了，现在许多"四字格"的北京土话已经被普通话"收编"，变成成语了，比如："人敬人高""老实巴交""清堂瓦舍""清门净户""一惊一乍"等。

71. "倒装句"您肯定说过

您可能看出来了,这个标题就是"倒装句"。口袋的口儿朝上,您顺着口儿往里装东西不得了吗?干吗非要倒过来"装"呢?哎,这就是北京话的特色。

北京人说话喜欢"后找补"。如早晨出门上班,碰上了遛早儿回来的邻居李大爷,您主动打招呼:"早呀您,上哪儿遛弯儿去了李大爷?"

李大爷也回您一句:"奔陶然亭溜达了一圈儿我。这是上班儿呀大侄子?得,慢走吧爷们儿!"

您看这一对话,用的都是"倒装句"。正确的语法规则,主语要放在前边,即:"李大爷,您早呀!上哪儿遛弯儿去了?"李大爷的回答也应该是:"我奔陶然亭溜达了一圈儿。大侄子这是上班儿去呀?"

现代汉语的语法,"主""谓""宾""定""状""补"分别应该在什么位置,是有一定之规的。但北京人说话似乎不讲语法,很多口语是不规范的,语序的倒置,即"主谓宾",

弄成了"宾谓主",这种"倒装句"便是典型的例子。萝卜白菜各有所爱。北京人说话就喜欢这样,您有脾气吗?

据我了解,这种说话口语"倒装句"的地方并不多。为什么北京人说话会有这种现象呢?究其原因,还是因为老北京人的礼数周全、面面俱到造成的。

其实,见面打招呼这种日常用语,主语是完全可以省略的,早晨出门上班,在胡同里,见到张二叔、李大嫂,一般情况您只要点一下头,说声"您好"或"早上好"就可以了。

这种问候是从国外引进来的。按老北京的规矩,这种打招呼,叫"点首之礼",即点个头儿就算这厢有礼了。

不过,按老礼儿,对老街坊,尤其是岁数大的人,见了面,先得叫人儿,即所谓"道尊称儿":"呦,二叔。""呦,大嫂。"然后再说:"吃了吗您?""您早晨遛弯儿去了?"礼数再大一点儿,光相互问好还不行,还要问双方的老人好:"挺好吧,大爷大妈?"

因为早晨上班时间匆忙,两个平辈人见面,直接打个招呼就行,不必再呼其名。但是晚辈碰上长辈就不然了,光问好,不称呼一下,那就显得没礼貌,失敬了。

可是在路上走得急,通常的习惯是先问好,问过之后,又想起该叫一声,一来二去的,语序就倒置了:"吃了吗,大妈?""您早班儿呀,张二叔?"

当然这只是其中一种情况。大多数原因,还是说话的习惯问题。如:

"出息了小刘,拿了个大奖,我听说。"

"上他那儿去吧我们。"

"演戏还行,可演杂技就不灵了他。"

"把这些东西都拿走嘿老李。"

"能不能让我说两句主持人!"

"这小子谁?"

"两个馒头够吃了我。"

这类"倒装句"都是北京人在口语中经常用的,细分析起来有些属于"病语",但北京人却拿这"病"不当病,因为已经习惯了。

记得1977年,恢复高考后的第一次语文考试,其中就有一道题:写出"起来,不愿做奴隶的人们"的主语、谓语、定语。

据当年一位高考的阅卷老师说:许多考生都在这道题上丢了分。我琢磨着要是北京考生答,大概不会丢分,因为这种典型的"倒装句",是北京人的拿手好戏呀!

其实,"倒装句"在人们平常的口语里,也时不时地使用。"倒装句"的作用是强调一句话里的重点。比如"起来,不愿做奴隶的人们",这是国歌里的一句话,它强调的是"奴隶们要起来",而把"起来"这个动词放在前边,显得更加有战斗性。

同样的道理,北京话的"倒装句"往往也能起到这种作用,比如"吃了吗您?""吗呢您?"强调的是"吃了吗?"和"干吗呢?"

72. 京城独有的方言土话

各地有各地的方言，各地有各地的土特产，这些都属于"蝎子拉屎——独（毒）一份儿"。一个"好"字，北京人说"好"，新疆人说"亚克西"，广东人说"吗吗滴"，湖南人说"娘塞迪"，还有其他地方的发音。要不怎么叫方言呢？这就是它的特点。

几乎每个地区的方言里，都会涉及本地区特有的物产，这类物产，别的地方没有，只能依据当地的叫法，比如新疆的"哈密瓜""哈密杏""巴达木"等，都是当地的叫法。此外像各地的吃食，如新疆的"馕"、西北的"臊子面"、云南的"过桥米线"、四川的"龙抄手"、山西的"傀儡"等，这些都是按当地的叫法，归入土语中的。

当然，也有不少吃食本地有，其他地方也有，只是叫法不同而已，比如：天津叫"杂烩菜"，安徽叫"杂烩"，北京叫"杂碎"。北京人说的"豆腐皮"，东北人叫"干豆腐"，天津人叫"千张儿"，等等。这些都属于土话中的特有名词。

北京也有大量的本地独有的土产和商品，这些也都归入到土话里了。当然，也有某种东西不只是北京有，但只有北京话这么说。比如：

吃食

豆汁儿、麻豆腐、炸酱面、艾窝窝、花糕、老鸡头（冷饮）、驴打滚儿、糖耳朵、灌肠、棒子面儿、盆儿里碰（疙瘩汤）、年糕、烧卖、炒疙瘩、咯吱、茶汤、糊饼、卤煮火烧、炒肝儿、爆肚、花糕、螺丝转（烧饼）、焦圈、排叉儿、苏造肉、心里美、茶糕（也叫藕零儿）、榅桲（wēn bó，炒红果的一种）、鸭儿广（梨）、翻毛月饼（酥皮月饼），等等。

物品

水余儿（烧水用的）、夜壶（尿壶）、排（pǎi）子车（人力货车）、老头乐儿（棉鞋）、马褂（衣服）、棉猴儿（棉衣）、毁拉板儿（拖鞋）、冰盏儿（响器）、唤头（响器）、胰子（肥皂）、骆驼鞍儿（前脸儿隆起如驼峰的棉鞋）、毛窝（棉鞋）、帽筒（瓷器）、杌子（矮凳）、马扎儿（折叠凳）、五供儿（佛桌上的五种供品）、舌刮儿（漱口用品）、风斗（通风用的）、火筷子（捅火炉子的），等等。

动植物

四不像（麋鹿）、燕么虎儿（蝙蝠）、蝎了虎子（壁虎）、老家贼（麻雀）、鲫瓜子（鲫鱼）、季鸟儿（蝉）、绿豆蝇（一种大个儿苍蝇）、马蝇子（一种马蜂）、户不拉（一种鸟儿，拉读 lǎ）、爬山虎（植物）、刺儿梅（梅花的一个品种）、死不了儿（植物）、朝天椒（植物）、麻凌儿菜（马齿苋）、苦藤（曲么菜），等等。

文化

有文墨（有文化）、墨宝（书画）、对子（对联）、打灯虎儿（猜谜语）、破闷儿（猜谜）、票友（戏迷）、什不闲儿（曲艺）、拉洋片的（民间表演）、耍骨头（曲艺）、花会（民间社火组织）、走会（社火表演）、中幡（民间表演）、掼跤（摔跤）、戏园子（剧场）、台柱子（主要演员）、老戏骨（老演员）、场面（戏曲伴奏）、老板（戏班东家）、鬃人儿（民间手工艺）、毛猴（民间手工艺）、捧角儿（捧演员）、走穴（主业以外的演出）、给谁磕过头（谁的徒弟）、换过帖的（结拜过的）、江面人儿（面人）、作（zuō）坊（工作室），等等。

身体

脑袋瓜子（头）、咯楞瓣儿（胳膊肘儿）、耳根台子（耳朵）、颏拉素（喉结）、胯骨轴子（胯骨）、脖梁骨（脖颈）、后脑勺子（脑后）、嘚儿头（前额高）、脑棒骨（脑骨）、地拉排（pǎi）子（形容个矮的人），等等。

情态

硌硬、腻歪、添堵、逗咳嗽、递葛、倒腾、嘚啵、蔫咕、撺掇、邋（lē）遢、咯吱人、有日子、捯饬、故蛹、消停、黏糊、递牙、吃瓜络儿、犯葛、熬头、摘心、麻爪儿、哈着人、五脊六兽、点儿背、贫嘴、老郎神、屁颠屁颠儿、溜溜儿、花活、欠抽、白活、半不啰啰、抹不丢、上眼、理（读

lü旅）会、贱招儿、没溜儿、杵窝子、肝颤儿、裹乱、营生、褪节儿、拉了胯、够个儿、幺蛾子、老家儿、歇菜、认栽、逗咳嗽、找碴儿、犯贱、怂人、这程子、没着没落儿、乌泱乌泱的（形容人多），等等。

73. 假如生活"户哝"了你

在北京话里，有些行当的叫法也与其他地方有所区别，比如：

扛大个儿的（装卸工）、打小鼓儿的（收古董的）、跑堂的（饭馆服务员）、耍板儿锹的（拉脏土的）、挑挑儿的（走街串巷的小贩）、拉脚的（客运）、堂头儿（饭馆领班）、勤行（餐饮业）、跟包儿的（助理）、了事儿的（能平息事端的）、张罗人（主持事的人）、牙行（经纪人）、打手巾把儿的（戏园子的服务员）、片儿警（警察）、窝脖儿（旧京搬家的工人），等等。

在现实生活中，各地独有的土话很多。尽管现代社会城市之间交流日益广泛，但一些专有名词随着物品一起在各地落地生根后，依然"独善其身"，成为原产地文化的一个符号，如北京的"烤鸭""炸酱面""二锅头""豆汁儿""千层底儿布鞋"等，走到哪儿，它也这么叫，不过，人们一看就知道这是北京的。

我们前面已经说过，在现实生活中，如果用纯北京土话进行语言交流，恐怕外地朋友听了会一头雾水。

现在网上流行用北京土话说的那首有名的诗《假如生活欺骗了你》：

假如生活户哝了你，
甭盐玉，甭黏声，甭咋唬儿，
甭嘟囔，甭嘟噜个脸蛋子；
你就旮晃儿那儿怼故着，也甭起来，
一直往前故球，像毛毛虫一样，
故球，故球，一直故球，
总有一天，你会变成——
有翅膀的大扑棱蛾子，
到时候一样搂着翅膀，
乐意咋飞就咋飞。

这是按北京土话的音儿读的诗，逗吧？当然，这是网友搞笑的"段子"。网上这种用各地方言搞笑的段子很多，有个用上海话说的段子：

几个上海人坐地铁，甲问乙："侬几号死啊？"乙答："阿拉2号死，侬几号死？"甲说："阿拉8号死，其实阿拉调10号死也可以，格未浓呢？"丙答："唔1号死，3号死赛可以，阿拉直接1号死就可以了。1号死快，3号死慢，格伊呢？"丁说："阿拉勒松江，只好9号死，调阿勿要调了。"

这几号死几号死的，听着多瘆得慌。其实"死"在上海话里是"车"的发音。

74. 北京话里的"土音儿"

跟一个湖南的朋友聊天儿，他说："你们北京人说话，我听着非常吃力，有些话我根本听不懂。"

"怎么会听不懂北京话呢？电台电视台的主持人说话可都是北京话，难道你也听不懂吗？"一个北京朋友反问道。

"真的是听不懂。"这位湖南朋友操着半生不熟的普通话说。其实，他的话我听着也费劲。

我估计这位湖南朋友说的听不懂的北京话，是指北京土音，而不是用北京语音说的普通话。

普通话"以北京语音为标准音"。这儿说的是"北京语音"，即"北京音系"。什么叫音系呢？就是一种语言的方音有规律的体系。

"方音"是个学术上的词儿，从语言音韵学的角度看，所谓音系，是一个方音的"音位系统"。

"音位"一旦有了"系统"，自然就有了规律严整的一套东西。一种语音可以从辨义、近似、互补等方面，来归纳成最简括的各组语音单位。

按语言音韵学的说法,"北京音系"是有严整规律的,它是在正常范围内,由声母韵母构成的音素、音节、声调等组合而成的。相反,北京土话则属于这个体系之外的,没有严格规律又相对独立的"特殊音儿"。

比如:"豆腐"这个词,普通话应该念"斗府"(dòu fu)。但北京人谁也不这么说,一定要说成"豆佛"(dòu fe)。

"芝麻"这个词,普通话应该念"之妈"(zhī ma),可是按北京土音,却要说成"之末"(zhī me)。

"媳妇",普通话应该念"习富"(xí fu),但北京土话的发音是"习份儿"(xí fenr)。

如果电台、电视台的播音员按北京土音来念,肯定就要扣奖金了。

北京土语是地地道道的北京话,但是它的发音并不标准,也不规范,所以当初国家语委的专家们在研究普通话的标准时,没有完全采用北京话,只用它的语音。

正常或者说正确的音系,是以《汉语拼音方案》为依据的。"北京音系"的声母是21个,韵母是38个,声调是4个(不包括变调和轻声)。声韵拼合,构成400个基本音节,再带上声调,带调音节1210多个。这都属于正常发音的"音系"。

北京土音是不在这个范围之内的。所以,北京土音带有浓厚的地域性,比如,"忒好了"虽然也是北京土音,但它被"北京音系"给"招安"了,发音归化为"推好了"(tuī hǎo le),

但北京人往往还说土音 tēi hǎo le。这个 tēi，就属于不规范的语音。当然，tēi 也是有音没字的北京土音。

这样的例子很多，比如东西摔了，北京土话叫"cèi 了"。这个 cèi 字，《新华字典》里是没有的。

还有某人犯浑，不管不顾乱来一气，北京土话叫"不 lìn 秧子"。这个 lìn 字，也是在 400 个"北京音系"的基本音节之外的。

北京土话之所以发音不标准不规范，跟它的词汇量丰富多彩有很大关系，同样一个"吃"字，搁北京人嘴里说出来就不一样了。

比如用普通话说："这儿有一个馒头，您把它吃了。"北京人会说：您把它"垫补"喽；把它"开"喽；把它"呲"喽；把它"嚼"喽；把它"搋搂"喽；把它"慈悲"喽；您把它"填"喽；您把它"消灭"喽；您把它给"胡噜"了……

您瞧，一个"吃"字，这就多少个词儿了？

问题是有些土话是有音儿没字的，比如"搋搂"的"搋"的音应该是 gái，声调是第二声（阳平），字典里没有这个字，也没有这个音，只能用"该"gāi 的第一声（阴平）或"搋"第四声（去声）来代替，不但音不准，字义更让人摸不着头脑。

再比如"胡噜"，实际上是"囫囵吞枣"的"囫囵吞"的讹化。hú lu 也属于有音没字的北京土音。

北京人常说的"捅搂子"这个词儿。"搂子"，有"麻烦"的意思，但搂子是北京土语，这个字怎么写？这就不好说了。

写"娄子"也对，写"楼子"也行。只要音对了就行。

有一年，在央视举办的元宵节"银桥之声"文艺晚会上，有三个老外表演了一个小品叫《咸亨酒店》。

这三个外国人专捡北京的土话，一气儿说了十几个。比如"猫儿腻"（耍花活儿）、"别跟我来哩哏儿愣"（少来这一套）、"没了治啦"（实在太好了）……

这些北京方言土语，现在还都挂在人们嘴边上，不用我解释，人们也能懂得它们的意思。但有些确是有音没字的，比如"哩哏儿愣"，您怎么写，并没标准。

人们经常说的一些北京土话，如：敢情、麻利儿、颠儿了、上赶着、逗闷子、甭介、打镲、拾掇、归置、筋道、局气、起哄架秧子、概儿不论、且着呢、齐活，等等，说出来或写出来，人们能懂。

但是有些土话，说出来，人们可能就不懂或不太懂了。至于那些只有音没有字，只能用别的字来代替的土话，别说外地人看了糊涂，就连有的北京人也不见得懂。

比如"玻 ling 盖儿"（膝盖）、"hēr 搂着"（在肩膀上驮着小孩儿）、咯楞瓣儿（胳膊肘儿）、"diāng diāng 车"（有轨电车）、"介 bǐr"（隔壁）等。

75. 北京土话中的满语

我有一个朋友姓鄂。他跟我说：十个人恨不得有九个会把他的姓念成è（饿）。其实"鄂"姓是满语，准确的读法是ào（傲）。

北京土话里有很多满语。原因是满族是中国最后一个封建王朝大清国的统治者，虽然大清国把汉语作为国语，但依然保留着满语的地位，在两种语言的交流中，满语也在不断地融入北京话的口语之中，成为北京话的重要组成部分，以至于后来的人，难以分辨哪个词儿是汉语，哪个词儿是满语了。

北京人说话喜欢用"挺"代替"很"和"特别"等副词，如把"很好"说成"挺好"，"特别仁义"说成"挺仁义"等。这个"挺"字，就是从满语的 ten 转化而来的，ten 在满语中就是非常、很、甚的意思。

再比如"猫儿腻"这个词，很多朋友以为是汉语。有人理解为是猫盖屎的意思，有人认为是做手脚之意。这都属望文生义，其实"猫儿腻"是满语，原意是在树丛中躲闪藏匿。您明白它的出处，自然就清楚这个词儿是什么意思了。

其实，北京话里的许多满语，单从字面儿上您无法解释，比如"撒搂"和"娄子"这两个词儿，前一个的词义是"不管不顾地拿"，后一个的词义是"麻烦、问题"。可您从字面儿能看出这两个词义来吗？

北京话里的满语是音译，有的译音能找到相应的字儿，有的却找不到，所以按音译写出来的字儿也不一样，比如"撒搂"，您也可以写成"撒喽""贼喽"；"娄子"，也可以写成"楼子""喽子"等。

为什么北京话里的满语您分辨不出来呢？主要有三个原因：

一是满族文化在与汉文化的同化过程中，汉语和满语是相互渗透的，形成了你中有我、我中有你的语言现象。比如老北京人说这个女孩儿长得漂亮，爱用"盘儿靓"这个词儿。我很长时间以为它是汉语，因为汉族人以脸盘的漂亮为美，"盘儿靓"这个词儿字和词义都对上了。其实，"盘儿靓"的满语是 kuwarling，长得美丽的意思，进入北京话以后，把 k 说成了 p，于是才有"盘儿靓"这个词儿。

二是满语进入北京话系统之后，为了追求发音的字与汉字的字义相同，发生了语音上的变化，比如"掰哧"这个词儿，满语是 haicambi，原意是检查、寻看。进入北京话后，意思是较真儿、争辩、弄清是非真相，跟原意差不多，所以按汉语"掰扯"的音，改成了 bāi chi。

三是满语进入北京话系统后,其词的原意又有所扩展和延伸,有的甚至离开了原意,造成了满汉语相混淆的情况。比如"诈唬",满语是 cahu,其原意是泼辣的女人。变成北京话后,意思是大呼小叫,故作声张,跟原意相左了,于是"喳"变成了"诈"(zhà),"诈唬"也可写成"炸呼""乍乎"。

以下北京话中的满语也有这些情况:

"央告",也说成"央各"或"央给",乞求、求情的意思,来自满语的 yandumbi,原意是托人情、说好话,进入汉语后,意思有些变化。

"磨叽",不停地唠叨的意思,来自满语"磨错",原意是迟钝,进入汉语后意思完全变了。

"瞎打混儿",不正经干事儿,瞎混的意思,来自满语,原意是贫穷、穷光蛋。

"抹(读 mā)擦抹擦",把东西抚平的意思,来自满语,原意是向外舒展。

"瞎诌巴咧",信口开河、胡说八道的意思。"巴咧"来自满语,原意是狂妄,胡言乱语。

"胳肢",挠人的胳肢窝之意,来自满语,原意是挠腋下,进入汉语后,意思没变,但这个词后来被引申为给人使坏,难为人。

"瞎嘞嘞",闲扯的意思,来自满语。"嘞嘞"在满语的原意是议论、聊天。

"勺叨",说话磨叽,颠三倒四,来自满语的 sodombi,原意是形容人走路像劣等马一样颠颠儿的不稳当。

"哈喇",哈喇味儿,油脂的东西变质后发出的气味儿,来自满语,原意是油脂变味蹿鼻子。

"哈哧",也写成"呵斥",斥责、数落人的意思,来自满语,原意是督促、强压。

"喇乎",马虎、随意的意思,来自满语,原意是没本事、无能。

"萨其马",老北京的一种点心,满语"狗奶子糖蘸"的意思。狗奶子是东北的野生浆果,最初拿它做萨其马的果料,后来被葡萄干、瓜子仁、青梅、山楂糕等取代。

在北京话中还有一些满语,被人所不知,如:

把牢、寒碜、归置、局气、活泛、横是、杠头、瞎掰、淘换、咂摸、滋毛儿、贼着、猫着、待见、哧(chí)累、褶子、背晦、溜嗖(liù sou)、胡吣、捌饬、压根儿、嚼谷、撺掇、编排、忙喝、节骨眼儿、瞜目奔眼、饿连(衣服上脏的痕迹,é lian)、打哈哈儿、塌塌儿、哈拉巴(肩胛骨)、秃噜、套近乎、没溜儿(不正经)、阿哥(公子哥、少爷,"阿"读à),等等。

北京话里除满语外,还有一些少数民族语言,如:胡同(蒙古语)、得和勒(摔跤术语,蒙语)、乜贴(心,回语)、乌程(死,回语)、塔似蜜(甜咸口味儿的溜羊肉丝,回语)、朵子提儿(朋友,土耳其语)等。

北京城在历史上就是移民城市,北京话一直在与不同语言的交流中发展。随着时间的推移、历史的演进,满语及其他少数民族语言融入北京话而不为人所知的情况,将不足为奇。

76."瞜瞜"原来是外语

北京话里有许多外来语,只是有些我们并不知道。

外来语,是指根据外语单词翻译过来的译音。这些译音有的翻译准确,有的翻译不准确,但大概是原来的意思,人们说着说着也就约定俗成了。

由于人们说的是译音,而且话的意思不见得跟人家的单词能对上,所以人们常常把外来语与北京话相混淆,有些看着好像是"土生土长"的北京话,其实是外来语。

比如北京人管看看,叫"瞜瞜"。看一眼,也说成了"瞜一眼"。我从小就把这句话挂在嘴边儿,很长时间以为它是北京土话。

北京胡同里的孩子淘气,常常自己生造一些词儿,"瞜瞜",我们这些孩子也说成"瞜西"。比如:"这东西让我看看。"我们会说:"这东西让我瞜西瞜西。""瞜西"也就成了北京土话。

其实"瞜瞜"是从英语 look(音"瞜克")转化而来的,

最早就叫"瞜克"。

我小的时候，北京人常说一个词："剋"（kēi）。这个"剋"字，有训斥、寻衅等意思，比如小孩儿不听话，受到大人的数落，北京话叫"挨剋"。再比如，过去北京的孩子打架不说打架，说"剋架"。"我把他打了"要说"我把他剋了"。

跟"瞜瞜"一样，我很长时间以为它是北京土话，其实这个词是从英语翻译过来的译音。

这类词儿还有很多。这些外来语是怎么变成北京土话的呢？这跟北京是六朝古都有关。都城是政治文化中心，也是对外文化交流的窗口，外国人来北京，自然在语言上进行交流，一些常用的单词，不知不觉就渗透到北京人的口语中了。

赵丽蓉和巩汉林的一个小品里，赵丽蓉说她会英语。巩汉林说："你说两句我们听听。"赵丽蓉说："英语不就是'点头业四摇头弄，来是卡民去是够'吗？"让人听了为之捧腹。

外来语大量引进北京话，大概是在20世纪20年代。这跟早期的"洋务运动"和后来的"新文化运动"有直接关系。20世纪初，中国进入了"改良"的年代，一方面，有钱人家的子弟纷纷留洋；另一方面，大拨儿的洋人来到北京，一些洋货如洋车、汽车、洋油（煤油）等也跟着进来了，北京出现了崇洋媚外的风气。

您看过老舍先生的话剧《茶馆》吧？里头的小刘麻子，要把王利发的老茶馆改成酒吧，而且"好"不说好，说"蒿"，就是那个时候。北京胡同里出现的一大批小洋楼、西式的大门等，也是在这个时候。

一些年轻的北京人追求时尚，北京话叫"赶时髦"，迷恋洋货，大批洋货的英语单词译音开始风行，如"沙发""夹克""摩托""咖啡""冰激凌""披萨""模特""凡士林""咔叽布""雷达""幽默""休克""热狗""沙拉""汉堡包"等。

你说我也说，一来二去的，这些词儿就进入了北京话系统，和现在人们说的"帕斯""帕替""欧喔""粉丝""拜拜""打的"这些词儿一样。

当然，外来语在进入北京话后，在同化过程中，原来的译音也有变化，比如"披萨"，最初是"比萨"，后来又改成"披撒"，最后才是现在的"披萨"。

再比如"啤酒"是个外来语，很多人以为它来自英语 beer，其实另有出处。啤酒是欧洲人喜欢喝的酒，所以在欧洲国家其单词都差不多，比如法语是 biere，意大利语是 birre。这些外语都有"啤"的发音，但啤酒这个外来语进入中国，还是来自德语的 bier 的译音。

为什么这么说呢？因为是德国人在 1897 年把啤酒引入中国的，最早在青岛，后来到了北京。

啤酒最初的译音是"皮酒"，后来青岛人觉得这种酒开胃健脾，所以改成了"脾酒"，但"脾酒"的这个"脾"字，让人有些费解，于是青岛人发明了这个"啤"字。

啤酒进入北京话后，那个"酒"字就给省了。现在北京人到饭馆点啤酒，或到商店买啤酒，直接说来瓶"啤的"。

您看"啤酒"这个外来语，从"皮酒"到"脾酒"，又到"啤酒"，最后到"啤的"，经过了多少演变。

77. 串了"秧儿"的外来语

我小的时候,胡同里的孩子在电影里看日本人说的"嗖嘎",以为是日语的否定词,还有什么"咪西咪西是吃饭,八格牙路是混蛋"之类的,孩子们经常拿这些所谓的"外来语"逗闷子玩。

多年以后,我问一位日本朋友:"八格牙路在日语里是混蛋吗?"他不置可否地笑了笑说:"其实,这句话是上级呵斥下级的话,意思是傻瓜。"显然,"八格牙路"的译音带有中国人的诙谐意味。

一个喜欢开玩笑的朋友讲怎样教学生英语:

海关(customs),卡死他们。

怀孕(pregnant),噗,来个男的。

救护车(ambulance),俺不能死。

律师(lawyer),捞爷儿。

脾气(temper),太泼。

羡慕(admire),额的妈呀。

雄心（ambition），俺必胜。

强壮（strong），死壮。

这些译音听起来好像跟英语的意思差不多，其实发音并不准确。

不可否认，北京话里的外来语译音，跟人家的本意有相左的情况，跟把北京话翻译成外语一样，您想想像豆汁、爆肚、炒肝、麻小儿这样的北京话，让外国人翻译得有多难吧！所以《红楼梦》愣让老外给翻译成《一个男人和十二个女人的故事》，您也就不觉得奇怪了。

我的京味儿长篇小说《故都子民》，被日本学者多田麻美翻译成了日文，在日本出版发行。多田在北京生活了很多年，北京话说得非常地道，但把京味儿语言翻译成日语还是很吃力。她为翻译得准确，先后在两年多的时间里，多次找我切磋，打电话无数次，最后总算把北京话"变"成了日文。

其实，把外语准确地翻译成北京话也挺难的，所以，外来语"串秧儿"在所难免。

比如开车的人常说开了多少"迈"。这个"迈"字是外来语，按北京话的说法，一"迈"就是一公里。其实，"迈"来自英语的 mile，原意是 1 英里。1 英里等于 1.6 公里，所以英里和公里是两个概念，但现在这个"迈"字，在北京土话里已经变成公里了。

还有"苦力"这个词，是从英文 coolly[①] 转化而来的。但

[①] 冷静地、沉着地、冷淡地，英语国家用来描述人们在面对困难或压力时应有的态度。

这个"苦力",跟北京话里"苦力"不是一回事儿。北京话里的"苦力"是形容词,形容这个活非常辛苦,所以才有"卖苦力"这个词儿。

同时,这个词常常用来调侃,比如您到朋友家串门儿,正好朋友家搬东西,您帮着搭了把手儿,朋友会说:"您瞧,来就来吧,还让您在这儿卖苦力。"显然,这已经离开了英语的原意。

说到这里,我想起两个挺有意思的词:"小力笨儿"和"撞客"。许多北京人会以为这两个词儿是地道的北京土话,因为老北京人平时常说。我以前也是这么认为的,后来经一位语言学家的指教,我才知道这两个词儿敢情是英语的译音。

"小力笨儿"就是替别人打下手儿,跑腿儿、干力气活的小伙子,北京土话也说"力巴儿头",山东人特爱说这个词儿。

"撞客"是老北京人迷信的一种说法,某人突然中了邪气,胡言乱语,精神不正常,人们就说他碰上了"撞客"。"撞客"是邪鬼的意思。

尽管这两个词是外来语,但翻译过来后,与原来的词义还是有所区别。"力笨儿"是英语 labour 的译音,原意是工人、劳动力;"撞客"是英语 drank 的译音,原意是酗酒。巧合的是满语 juwangkelembi 的译音也与"撞客"相近,原意是被鬼缠上,遇上邪了,所以有人认为"撞客"是满语。外来语翻译成汉语,总会有些差异,这是很正常的事儿。

其实,除了英语外,北京话的外来语比较多的是日语,这与近代以来中日文化交流密切有关,如:干部、法院、法人、律师、教师、讲师、讲座、服务、方案、方针、创作、旅游、乘客、出口、海关、出版、单位、代言人、乘务员、警察、电报、电话、单纯、尖端、大局、标本、表决、动机、机密、参观、刺激、简单、教养、阶级、教科书、处女地，等等。

78. 带"洋"字的土话"欧喔"了

北京话跟其他地区的方言一样,也是与时俱进、不断推陈出新的,这正是它的生命力和魅力所在。

一种语言(包括方言),只有不断地新陈代谢,吐故纳新,才有"活"着的意义和价值。

现在北京人,一般以 1949 年北平解放为标志,之前的叫老北京,之后的叫新北京。新北京又以 20 世纪 80 年代改革开放为标志,之前叫"那会儿",之后叫"现在"。

1949 年到现在快 70 年了,北京城发生了翻天覆地的变化,北京人的生活方式也发生了很大变化,包括人们的思维方式、生活理念、风俗习惯等,自然,北京话随着社会的发展也会有所变化。

北京话的变化主要体现在三个方面:

一是有些土得掉渣儿的土话,随着光阴的流逝、老北京人的相继故去,也跟着消亡了。

二是随着人们生活水平提高和生活方式的改变,一些说了多少年的北京土话告别了历史舞台，寿终正寝了。

三是随着一拨又一拨新北京人的成长，他们根据新的语境，又创造了大量新的土话，即现代人所说的"流行语"和"热词"。这些新土话逐渐取代了老土语，当然，那些老土语也就"作古"了。

比如老北京人把火柴叫"取灯儿"。"取灯儿"是取代灯的意思，这个灯可不是电灯，是蜡烛点的灯或煤油灯。北京东城的中国美术馆后身有条胡同就叫取灯胡同。

火柴是外国人发明的，在火柴引进中国之前，北京人用的是"火镰"（以铁与特殊的石头摩擦引火的用具）。因为火柴是洋人发明的，所以北京人又把"取灯儿"叫"洋火"或"洋取灯儿"，后来有了打火机，取代了"洋火"，"洋火"慢慢儿也就没有人说了。您看不过一百年的时间，"火镰""取灯儿""洋火"这三个词儿就相继作古了。

很长一段时间，中国的工业生产落后，许多生活用品都需要进口，北京人把进口货统称为是"洋货"，所以进口商品都要加上个"洋"字，如：洋钉（钉子）、洋碱（肥皂）、洋灰（水泥）、洋蜡（蜡烛）、洋烟（香烟）、洋装（西服）、洋车（人力车）、洋纱（机器纺的棉纱）、洋铁（镀锌铁）、洋镐（鹤嘴形状的镐）、洋瓷（搪瓷）、洋布（机器织的平纹布）、洋文（外国语）、洋油（煤油），等等。

随着我国生产力水平的提高，这些依靠进口的东西，我们自己也能生产了，国货逐渐取代了洋货，所以这些带洋标签的词也就"死"了。

您说现在谁还说汽油叫"洋油"呀？连外国人都改叫"老外"了，"洋人"这个词自然也就进"历史博物馆"了。

当然，有些东西因没有合适的名称取代，现在依然还在用，如"洋白菜"（结球甘蓝，即圆白菜）、"洋葱"、"洋琴"、"洋房"、"洋娃娃"、"洋相"、"洋芋"（马铃薯、土豆）等。

79. 被光阴"埋葬"的土话

　　生活方式的改变，让与之相关的一些北京语词寿终正寝，这也是历史发展规律，如"清音桌儿"这个词儿，是指爱唱戏的人凑到了一起，兴之所至，没有胡琴，也不用涂脂抹粉，亮出嗓子就唱，"清音"就是干唱之意。

　　老北京的戏迷经常排练演唱的地方叫"票房"，一般的"票房"都要摆张桌子，类似现在礼堂开会的时候在台上摆张桌子一样。"票友"（戏迷）们拿它当作"戏台"，站在后面唱，"清音桌儿"由此而来。后来这个词引申到不在"票房"，在任何地方唱，只要没胡琴（伴奏），不是彩唱（涂脂抹粉），都叫摆"清音桌儿"。

　　这句土话要是放在老北京，没有不懂的，可是您把它拿到今天，十个人可能有九个以为您说的是桌子。

　　这不足为怪，一是现在会唱戏的人少了，二是很少有人知道这个词是什么意思，所以这个土话，您让它不死也难。如果再用，人们真以为摆"清音桌儿"，是在这儿摆张桌子呢。

下面这些北京土话，我认为也已经"作古"。您不妨多看两眼瞧瞧现在还有人说吗？没有，证明我说对了。

怯八邑（对外地人的蔑称）、怯勺、旗装（旗人的装束）、瞭高儿的（类似保安）、打扁儿、理门儿（一种吃素洁身的信仰）、懒凳、文墨（斯文）、蒲包儿（食品包装）、捧角（jué）儿、陪房、念喜儿、明火、撂地、龙凤帖（婚书）、老喜丧（高寿人去世）、焰口（人死后和尚念经超度）、门房（传达室）、门包儿（给看门的小费）、帽头、门吹儿、火判儿、奶子（牛奶）、门脉（自己开的门诊）、闹丧（sāng）、南纸店（宣纸店）、冷庄子、大酒缸（小酒铺）、庙季儿（庙会期间）、步辇儿（步行）等。

还有一些土话中的名词，因为事物已不存在，人们也很少说，慢慢儿地就在北京话中消失了，如：

火筷子（捅火用的通条）、劈柴（引火的短木）、倒土（倒垃圾）、吃瓦片的（靠租房为生）、回水（冬天怕水管冻裂，要把水管里的水吹干净）、折箩（把剩菜放到一起热了吃）、打闲儿（没事干）、褡裢（1.搭在肩上的布袋，2.摔跤服）、催呗儿（随从）、打钱（向观众收钱）、丢手绢儿（旧时儿童游戏）、跟包儿的（随从）、棚匠（糊顶棚的）、当当（到当铺当东西）、断顿儿（没饭吃了）、调侃儿（说黑话）、蹲膘儿（只吃不运动）、发送（发，读fá，死人的后事）、二荤铺（简便的小饭馆）、伏地面（本地的面）、官称儿（官员的称谓）、果局子（水果店）、肉床子（卖肉的门店）、合作社（综合商店）、官茅房（公共厕所），等等。

上面这些土话，在我小时候常挂在人们嘴边儿，比如"褡裢"这个词儿，它最早是山东方言。早年间，山东的男人出门办事，肩膀上短不了要搭上褡裢，那会儿，到大连打鱼谋生的山东人多，大连的地名就是从"褡裢"这两个字来的。

"褡裢"进入北京话系统后，因摔跤穿的衣服跟"褡裢"差不多，所以改叫了"褡裢"，原有的词义没变，在北京的山东人据此发明了"褡裢火烧"。但是时过境迁，"褡裢"已经很少有人用了，只留下摔跤服"褡裢"，还有"褡裢火烧"这些土话了。

还有一些"文革"中的流行语，如：红五类、黑五类、老插、老三届、造反派、臭老九、走资派、牛棚、五七干校、喷气式、挂牌的、老三篇、样板戏、板儿团（样板戏剧团）、戴箍儿的（红卫兵）、老兵、联动，等等。

光阴是把利刃，让这些土话随着岁月的流逝，成为过眼云烟了。当然，严格说这类话很多是当时的政治术语，并不算北京土话，但它至少可以说明，一个时代有一个时代的语言，当新时代取代旧时代以后，旧时代产生的语言现象，如果已经不适合新时代的，也会随之消亡。从这个意义上说，那些保留至今的北京土话，也算是大浪淘沙了。

80. 什么叫"姨以儿挨家"

巩汉林和赵丽蓉曾经演过的一个小品，巩汉林为迎接外宾，让赵丽蓉用英语讲话。赵丽蓉极富语言天赋，用唐山口音说了几句英语，她自我解嘲："这是伦敦郊区音儿。"观众看到这儿，不由自主地笑了。

英国的城市化比较早，伦敦早就没有郊区的概念了，所以赵丽蓉说的"伦敦郊区音儿"，只是一句玩笑话。

您可能会问：北京话有没有郊区音儿？说老实话，回答这个问题挺难，因为现在的北京已经城乡一体化了，从前的郊区县，如怀柔县、平谷县，现在也都改成了怀柔区、平谷区了，郊区的概念，甚至"郊区"这个词都在博物馆里待着了。没了郊区，谈何"郊区音儿"呢？

但这话又得两说着，因为县改叫区了，村儿变成旅游景点了，但那些生于斯长于斯的老人们还都静悄悄地活着，那些古老的民风和乡音，并没有随着老土房的拆除、新高楼的竖立，而消失殆尽。

您如果走出五环，到顺义、昌平、通州的"村"里，跟那些五六十岁的老人聊会儿天儿，就会发现他们说话的"口音"跟"城里"的老北京人还是有些微的区别的——原来北京是有"郊区音儿"的。

现在北京的出租车司机多是远郊的人。有一次，我和一个安徽来的朋友打车，司机问我去哪儿，我们随便聊了几句。我笑着问他："您是不是顺义人？"他怔了一下，点了点头。

我的朋友诧异地问道："您怎么知道他是顺义人？我听着跟你说话的口音一样呀？"

我对他说："这种细微的区别一般人是听不出来的，我在顺义有朋友，对他们说的话琢磨过。"

按现有的北京城市区划，城区有6个：东城、西城、朝阳、海淀、丰台、石景山。郊区有10个：（西部）门头沟、房山；（北部）昌平、顺义、怀柔、密云、延庆；（东部）通州、平谷；（南部）大兴。

根据这十个郊区的分布，口音明显的是平谷和延庆，有口音但与北京话区别不大的是门头沟北部山区、怀柔和密云山区。这几个地方的语言不属于北京话，所以那儿的人只要张嘴说话，您就能听出不是北京"城里人"。其他几个地方说话同属北京话，口音与北京"城里人"没有太大区别，尤其是大兴人、通州人。

这儿说的区别，指的是说话的语音和腔调，也就是大白话说的口音。但一些词语在口语上的差异还是显而易见的。比如昌平人说话，口音听着与北京"城里"没什么区别，可是细听，有些词语还是不一样，比如：

夏天，昌平话是"夏见天儿"；

能耐，昌平话是"能盖儿"；

我们，昌平话是"碗们"；

我们家的，昌平话是"碗家的"；

我看，昌平话是"我瞅"；

自己，昌平话是"记葛儿"；

家里，昌平话是"家喽"；

棒子碴（渣）儿，昌平话是"棒子糁儿"；

年下，昌平话是"年谢"；

损坏、破坏东西，昌平话是"祸祸东西"；

衣服，昌平话是"脑"；

棉衣，昌平话是"棉脑"；

盒子，昌平话是"馅饼"；

到处，昌平话是"饶世界"；

媳妇，昌平话是"屋里的"，等等。

顺义紧挨着昌平，顺义话跟昌平话有许多也是相近的，比如，黑天说成"黑介"，隔壁说成"介壁儿"，骂人的话"小嘎呗儿的"等，但"我们"，顺义有的地方说"母们"。

其他的郊区音也略有区别，如：叔叔，密云话叫"收收"；黑夜，怀柔话叫"黑气"；回家，通州话是"家走"；玩牌，通州话是"来牌"；爱情，房山话是"耐情"。

昌平话里也有一些有音没字的土话，比如"挠吃"，其意思跟北京话里的"抓挠"差不多，但有些微差别，在昌平话里是"奔吃喝"的意思，如"他一天到晚饶世界挠吃"，意思是：他一天到晚为了生活而四处奔波。

再比如"不"字，昌平话的发音是 bíng，声调是二声阳平，如："你不用跟我玩这套。"昌平话说："你并（bíng）跟我来这套。"bíng 在北京土话里，也属于有音没字的。

昌平话把"自己"叫"姨以儿"。有一次，跟昌平的老人聊天，临走时，他说："我得回切（去）了，老伴儿姨以儿挨家呢。"最初我听成"老板的姨准备出嫁呢"，琢磨半天才明白他是说"老伴儿自己在家"。

81."把墙挂在枪上"的平谷话

平谷区是1958年才划归北京的,之前,平谷属于"京东八县"之一,归河北省管辖。说到北京的"郊区音",平谷话是非常有特色的。平谷人只要一张嘴,您就能听出他的口音,因为平谷话属于冀鲁官话,在语音、词汇方面与唐山话比较接近。

平谷话的显著特点是:平谷话的阴平、阳平声调与北京话大多数是对换的。这么说您可能听着费劲,举个最有名儿的例子:北京话说"把枪挂在墙上",平谷人说这话听起来则像是"把墙挂在枪上。"理解了这句话,您就算是把平谷话的特点弄明白了。

平谷话里有些词儿跟北京话是相近的,只是发音不同而已。比如,平谷话管怀孕叫"双身子",北京话也有这么说的。还有:"噘牙花子"(发愁)、"老家贼"(麻雀)、"老么咔嚓眼"(老态)、"老例儿"(老事儿)、"不挑眼"(没意见)、"齁儿咸"(特别咸)、"多儿来的"(什么时间来的)等,跟北京话是一样的。

但有许多词儿还是有浓厚乡音的。比如平谷的老人平时挂在嘴边儿的"斗"字。"斗"是"就"的意思。北京话说"我就不去",平谷话是"我斗不去"。

此外,跟北京话有区别的平谷话还有:冲啥(凭啥)、令儿个(昨天)、来怕(打扑克)、傻好儿(非常好)、损甜儿(真甜)、挠夜儿(熬夜)、啥前儿走(什么时候走)、咋着(怎么着)、得儿当了(完了)、黄白是烙(脸上气色不好)、碴花儿(隔三岔五)、不大离(差不多)、横毫(也许)、协了(liǎo)儿(可惜、浪费)、就手儿(顺便)、斗你能盖儿(就你能)、管乎儿(起作用)、上哪儿且(去哪儿)、呢可不的(是)、歇胡人(吓唬人)、撮愣(玩弄)、膈应(反感)、乍不卸儿(刚开始)、饶处儿(到处)、按不住君儿(控制不住)、上笑(上学)、散笑(放学)、几个儿(自己)、碗们(我们)、摊们(他们)、单泼溜儿(一个人)、尿随(撒尿)、咋揍来着(怎么生的),等等。

在平谷话里,有一些名词,跟北京话差异比较大,如:肩博头儿(肩膀)、漂火(屁股)、屋应哇(蝉)、西唬声子(壁虎)、庆狗儿(青蛙)、褂子(上衣)、棉脑(棉衣)、炉算子(油饼)、鸡子儿(鸡蛋)、干饭(米饭)、跨子(自行车)、拱车子(手推车)、甘草节儿(江米条儿)、乐身仁儿(花生仁)、妗子(舅妈)、寨子(篱笆)、茅房轿子(厕所)、过道儿(胡同),等等。

我经常去平谷玩儿,也有不少平谷的朋友。这些平谷朋友有为官的，有从文的，也有经商的，也许他们与外界接触比较多，虽然乡音未改，但上面列举的平谷话已经很少听他们说了。

　　过去，平谷算是远郊区。20世纪70年代，从城里到平谷县城，坐长途公交车得走一天。现在京平高速开通，从东五环到平谷县城，用不了一个小时，感觉平谷离城里非常近了。

　　有意思的是，现代化的网络时代，拉近了城里和平谷的距离，也拉近了平谷话和北京话的距离。现在"80后"和"90后"的平谷后生说话，平谷口音已经很淡了。在平谷县城和开发区，北京话已经占据了"统治地位"，您想听纯正的平谷话，得到村里找五六十岁的人了。

82. 延庆话"机密"是明白

延庆跟平谷区一样，也是 1958 年才划归北京的。延庆离北京城区比较远，中间还隔着一个昌平区，因为它离山西和张家口比较近，历史上就是一个移民城市。元代的时候，延庆是隆庆州，明代改为延庆州，想当年，这里也曾是京北的重镇。

正因为如此，延庆话含有多种北方语言的成分，如大同话、保定话、东北话的特点，也有北京话的元素，但以晋语的语言系统为主。在北京郊区里，除了平谷，延庆的口音算是非常有特点的。

我在搜集延庆土话时，听到最多的是"机密"这个词儿。

"我说的，你机密了吗？"一位当地的老者问我。

"干刷呀？我的话你没机密吗？"另一位 70 多岁的老太太这么对我说。

机密？乖乖！我听着怎么像搞特工的在对暗号呀？确实，

"机密"这个词儿忒"机密"了，一般人可能都会在这两句延庆话面前犯嘀咕。

我也是迷惑半天才弄清什么是"机密"。让我感到意外的是："机密"在延庆话里是"明白"的意思。那两句话的意思是："我说的，你明白了吗？""干啥呀？我的话你没明白吗？"

我问了许多延庆人，但一直到现在都没弄清楚"明白"怎么成了"机密"。

延庆的一些土话，跟当地的风土民情有一定关系。比如"千听（ting）儿"，这个词儿的延庆话是"干吃馒头"，用北京话说就是"白嘴儿吃馒头"的意思。

"听儿"是什么意思呢？一位延庆的作家告诉我：从前，延庆人杀猪时，为了方便去毛，要用一根铁棍儿扎到猪蹄子里，这个动作就叫"听儿"，有"硬撑"的意思。光吃馒头不就菜，也属"硬挺"。

延庆有一道特色吃食叫"傀儡"，是用土豆和白面做的，别有风味。过去，延庆人穷，客人来了，一般都做这道既当饭又当菜的吃食，像北京的炸酱面一样。

其实"傀儡"并不是延庆独有的，山西、张家口，甚至内蒙古一些地区也有这道吃食，但叫法不一样，有的地方叫"盔里"，有的地方叫"魁力"，还有的地方叫"苦力"。也许是因为人们觉得这道吃食"经时候"（热量高），适合打仗的人和卖苦力的人吃，所以才有了这个名儿。

还有一些属于本地独有的土话，如：

业儿黑介（昨天晚上）、猴儿瞌睡（很困）、干刷（shuà）儿去（干啥去）、料料（看看）、当个夜儿的（故意的）、白又（别）、可白又（可不要呀）、可拨（可不）、白白砸（没事）、闹不机密（闹不明白）、你妈类（你妈呢）、猛房（突然）、真上振（让人操心）、没油（没有）、横是（可能是）、石猴儿（折腾）、猴累的哄（很累）、天咋正黑呢（天正黑）、甘遇（想呕吐）、盖捂（被子）、写子（小伙子）、老奶子（老太太）、扯（跑）、半拉子（一边）、后几酿（后背）、眼之毛（眼睫毛）、枯出白带（皱褶）、听歌儿的（安静）、晌乎（中午）、一枯出儿（一袋）、毛杯（毛笔）、毛缸（厕所）、唾民（唾沫）、信类门子（脑门）、熬参（不干净）、晌乎（中午）、夜各（昨天）、打滑次儿（滑冰）、肥风（在野地里玩儿）、月事（钥匙）、百百（伯伯）、格（哥）、必刮（耳光），等等。

过去，延庆的移民比较多，成分也杂，所以在延庆话里，有许多是自创的，比如上面说的"机密"。此外，在发音上，多了 n、g 两个辅音，比如说："鹅"，延庆话说 né；"挨"，延庆话说 nái。于是，"鲤鱼"说成了"凛鱼"，"躲藏"说成是"妥藏"。

跟平谷一样，随着城市的发展和交通的便利，延庆与北京的距离越来越近，延庆土话也处于快速的转化与消融之中。我在调查时了解到，上面列举的那些土话，现在 30 岁以下的年轻人几乎都不说了，甚至延庆的口音都已淡化，有些土话，即使上年纪的延庆人也不说了。不知道是北京话的同化作用，还是时代和社会的发展使然。

当昔日的土坯房,变成了高楼大厦;当过去封闭的山村,变成了开放的旅游区;当过去暴土飞扬的乡间小路,变成了四通八达的快速路,乡音的改变,土语的流逝,也许是无可奈何的事儿。

83. 流行语玩的就是"流行"

语言是什么？中国古代哲人说：言为心声。美国著名哲学家休姆说："语言就其本质而言，是一种公众事物。"法国大学者蒙田说："语言只是一种工具，通过它我们的意愿和思想就能得到交流，它是我们灵魂的解释者。"

我觉得蒙田说的比较靠谱儿，语言说到根儿上，就是人们交流的工具。休姆把语言看作一种"公众事物"，既然语言属于"公众事物"，那么它自然是一池活水，用老舍先生的话说："北京话是活的。"

是的，在一些土得掉渣儿的老北京话消失的同时，一些新的北京话正大行其道地流行。北京话就是在这种新旧不断交替中生存的，这正是它的魅力所在。北京话是充满活力的语言。

如果把清末民初作为北京话发展高峰的话，那么，这种高峰至少在1927年迁都时，随着全国政治文化中心的转移，开始下滑。到1949年新中国成立，确定北京的首都地位后，北京话的地位有了新的提升,特别是1957年全国推广普通话,把"北京语言为标准音","以北方方言为基础方言"之后,北京话就成了"国语"。

但是,这里说的北京话,不同于北京土话。不可否认,在北京话华丽转身的同时,大量的北京土话也在流失。不过,这种流失还属于"换汤",新陈代谢。

北京土话真正的"变脸儿",是在20世纪80年代改革开放以后。如果说推广普通话对北京土话来说是一次大"换汤"的话,那么,改革开放以后,多元文化的浸淫和互联网时代自主语言的泛滥,对北京话的冲击就是一次大"换血"了。

纵观这一百多年北京话的嬗变,改革开放之初的20世纪80年代和眼下的互联网时代,对北京土话的冲击最大。

首先,改革开放后,随着商品经济和市场经济的发展,城市化速度的加快、城市改造的启动,以及企业转轨变型、职工下岗、人才竞争、招商引资、个人创业、高新技术发展、大量农民工进城、出国留学和社会化的多项改革等。这一系列的社会变革,必然会给人的思想观念和生活方式带来很大变化,与此同时也会产生大量新鲜的词汇,这些词汇融入北京话中,很快就会流传开来,成为约定俗成的流行语。

流行语的特点是具有语言的创新性、俚俗性和流行性,这"三性"使它成为受年轻人青睐的语言。事实上,很多流行语最早是在中学生和大学生中流传的。"三性"也使流行语成为新的时代变化比较快的语言。

这种变化会有两种现象:一种是速生速灭,有的刚流行就悄然消失了；另一种是在词意上的延伸与扩展，比如说"张儿"这个词儿，最早是"一张儿大团结"的意思。因为当时最大面值的纸币就是 10 元，票面上印有工农兵及各民族人民的形象，所以被称为"各族人民大团结"，简称"大团结"。

后来人们把"大团结"省掉了，说"一张儿"，即面值 10 元的钞票。这个词儿流行到现在，只剩下"张儿"了。"张儿"就是 10 的意思。"两张儿"，即 20；"五张儿"，即 50。如问"今年您多大岁数？"如果答"四张儿"了，就是 40 岁了。如果答"奔五张儿了"，就是四十多岁了。如果说"还不到四张儿呢"，就是三十多岁了。

流行语来自民间，纯属老百姓的"自攒儿"，当然它的出处很多，但主要来自以下三个方面：

其一，来自北京人在日常生活中的调侃，打哈哈儿，所以，流行语一般都有象征性，具有比喻形象、诙谐幽默等特点。比如："死磕"，来自磕碰这个词儿。人们在生活中短不了磕磕碰碰，所以磕碰也被引申为吵架拌嘴、相互有矛盾，于是有了"跟你磕了"的流行语。后来又有了"死磕"，即"跟你作对到底"的意思。

再比如"面"是北京人形容一个人表情木讷呆滞、动作迟缓的流行语，跟北京土话"肉""毛毛虫"等相似。由"面"，引申出"面瓜""真够面的""面了吧唧"等词儿。

"玩儿"，在老北京土语里，除游戏娱乐本意之外，还有招致、落得的意思。后来变为流行语，则是对从事的某一行为的调侃、戏弄的意思了，如"玩股票""玩汽车""玩邮票"

"玩深沉""玩哩哏儿愣""玩花活"等。后来又引申出"玩家"一词,所谓"玩家",就是收藏家。这里的"玩"字都要加儿化韵。

其二,有些流行语来自影视、小品、广告及其他文学艺术作品的经典台词儿。某个有特色有个性的演员,在表演中的经典台词儿,让人印象深刻,从而广泛流传,成为流行语的例子很多,比如20世纪70年代,有部叫《闪闪的红星》的电影非常有名,片中的反派人物胡汉三有句台词:"我胡汉三又回来了。"由于演员刘江把胡汉三的刁钻凶狠演得活灵活现,这句台词广为流传,后来成了流行语。

再有当时有名的电影《地道战》里,反派人物的台词"高,实在是高""各村有各村的高招儿";电影《南征北战》里张军长说"看在党国的份儿上,拉兄弟一把。";日本电影《追捕》里的"跳呀,召仓跳下去了,唐塔也跳下去了,你也跳吧。";苏联电影《列宁在十月》里的"面包会有的";电视广告语"味道好极了""车到山前必有路""牙好胃口就好,吃嘛嘛香"等,当年都风行一时。

其三,有些流行语是从外来语和外地熟语的引入而叫开的,比如"小蜜"这个流行语,来自英语"Miss"(小姐),后来引申为"嗅蜜""喇蜜""闺蜜"等。

"埋单"来自粤语,是饭后结账的意思,所以开始有人写成"买单",从字面的意思看,好像"买单"也说得过去,但您别忘了这是"译音"。由"埋单"又引申出"诈单""跑单""送单"等流行语。

前些年，东北口音的小品风靡一时，特别是赵本山等演员的小品连续上了央视春晚，使一些东北方言成了流行语，比如："忽悠""有啥缩（说）的呢""咋整""可劲儿造（糟）""老鼻子了""那家伙""埋汰""磕修"等。南方人往往分不清北京话与东北话，以为这些都是北京话，实际上是东北话演变的流行语，进入北京话语言系统后，发音趋同了。

84. 流行语也会成"流星语"

　　流行语跟土语往往只差一步，当然这一步有时很遥远，因为流行的东西，不一定能经得住时间的考验。很多流行语往往随着时间的推移，很快就被人忘记了，或者说很快就被新词儿淘汰了。

　　但有些流行语却经受住时间的考验，大大方方地留了下来，并没有让人有"过时"的感觉，有的还纳入了北京土话系统。当然，随着时间的推移，它依然有可能"作古"，但一个词儿能活到百年，也算是高寿了。

　　下面这些词儿，就是20世纪80年代后产生的流行语：

　　倒儿爷、练摊儿、老莫儿（莫斯科餐厅）、路子野、蹬道儿、憋镜头、坐二等（坐自行车）、老外、大款、暴发户、红包儿、切汇（换汇）、埋单、雷子、关系户、喇（放荡的女人）、打水漂儿、正根儿、没脾气、掐架、派的爷（出租车司机）、瓷器、盖了帽儿了、放份儿、逗咳嗽（逗气儿）、撮一顿（吃顿饭）、二进宫（二进公安局）、大腕儿、话糙、大团结（十元钱）、大件儿、港纸（港币）、敢开牙、颠菜、傍家儿、搓火、钉子户、板儿爷、官倒儿、作秀、蹲坑儿（监视）、二货、晕菜、触电（当影视演员）、立马儿、咱俩过这个、事儿妈、刷夜、死磕、傻帽儿、平蹭、穿帮、煽情、折（shé）了、起腻、板儿砖（录音机）、嗅蜜（泡妞儿）、有病、小玩儿闹、歇菜、面的（的读 dī，出租面包车）、星哥、穴头儿、味儿事、跳槽、码长城、外冒儿（进口烟）、托儿、杀熟儿、趴活儿、走穴、犯滋扭、一张儿、整、扎啤、认栽、晕菜、玩深沉、铁瓷、土老帽儿、头儿、开国际玩笑、有范儿、臭大粪、掉价儿、二锅头（二婚女子）、追星族、点子、没文化、吸引眼球，等等。

这些都是当时北京人常说的流行语，一晃儿，到了 21 世纪，时过境迁，您翻回头再看看，是不是有不少词儿已经没人说了？比如：

倒儿爷、老莫儿、憋镜头、坐二等、切汇、盖了帽儿了、喇、追星族、官倒儿、放份儿、刷夜、港纸、颠菜、小玩儿闹、外冒儿、板儿砖、玩深沉、扎啤、嗅蜜、傻帽儿、没文化、臭大粪、二锅头、掉价儿、面的、大团结，等等。

流行语过时的原因很多，但主要有三种情况：

一、有些事物因为时过境迁，人们不用也不说了，所以慢慢儿就被淘汰了，比如"老莫儿"，是北京莫斯科餐厅的谐音。"老莫儿"当年是京城有名的西餐厅，很多人以去过"老莫儿"为很牛的事儿，但改革开放以后，京城的西餐馆如雨后春笋，有些名气比"老莫儿"大，年轻人又不知道它的典故，人们慢慢儿地就把"老莫儿"这个词儿给淡忘了。

再比如"外冒儿"这个词是进口烟的意思，20世纪八九十年代，北京的烟民流行抽"万宝路""希尔顿""三5"等外国烟，烟摊儿上的这些烟大都是"走私"的。"外冒儿"风行了十多年开始式微，到现在不但抽的人少了，想抽还很难买，所以这个词也就淹浸了。"扎啤""港纸""板儿砖"等都是这种情况。

二、有些流行语在当时流行的范围有限，随着社会的发展，人们的生活态度和观念产生了新的变化，这些词儿也就失去了时代感，比如："臭大粪"这个词，最早是在中学生中流传的，主要是踩咕把事办砸或做出蠢事的人，后来传到社会上，但流行了几年，人们就觉得这个词不合时宜了。此外，还有"盖了帽儿了""憋镜头""掉价儿""玩深沉""开国际玩笑"等，也属于这种情况。

"盖了帽儿了"是由"盖了"引申出来的，最早也是北京的中学生"发明"的。与此同时，还有"震了""晕了""官的"等，由此引申出一大批流行语，如"盖了面筋""震了天地"等。随着时代的发展，这类词儿肯定过时了。

三、一些老的流行语，随着时间的推移，被新的流行语所取代，这种"以旧换新"的方式，往往是流行语成为新土语的前提，如小伙子"长得精神""帅气""靓"，现在变成了"长得酷""帅哥""帅呆""酷毙""小鲜肉"等。

虽然流行语恰似流水行云,但大浪淘沙,许多当年流行一时的语言,经过时间的淘洗,依然在使用,而且已经成了北京的新土语,比如:搓火、穿帮、二货、红包儿、逗咳嗽、平蹚、点子、点儿背、煽情,等等。

85. 网络语言对北京土话的冲击

如果说 20 世纪八九十年代，改革开放后出现的大量流行语是对传统北京土话的冲击，那么，21 世纪网络时代出现的网络语言，可以说是对北京土话的一次大颠覆。

以网络语言为代表的新生代语言，大胆地叫板传统，毫无束缚地创造或者说编造新的词汇，使传统的语言书写习惯和发音规律受到了前所未有的瓦解，并无可奈何地看着新语词大行其道。

网络时代的发展迅雷不及掩耳，从"BB 机"到"大哥大"，用了七八年的时间；从台式电脑到手提电脑，用了五六年时间；从笔记本电脑到手机用了三四年时间；从微博到微信，只两年，用户就发展至上亿，现在全国的手机微信用户至少 4 个亿，面对这样的空间，语言作为交流工具焉有不变之理？

在虚拟的网络空间，当理念变成撒了欢的野马，在思想的原野上驰骋的时候，语言就成了人们想象的翅膀，任何人也无法拔掉它的羽毛。您虽然不习惯、不理解、不认同这类语言，但对不起，您无法堵住网民的嘴，不让他们说。

因为，当你正在对这个词犯矫情的时候，可能又出现了几十个，甚至几百个新词儿。您说您有脾气吗？所以网络时代的流行语，不叫流行语，叫"热词"。这个词儿看着就烫人，也许就是网络时代的语言特征。

试举几个网络时代语言变化的例子：

过去叫"开会"，现在叫"论坛"；

过去叫"单位"，现在叫"机构"；

过去叫"集体"，现在叫"团队"；

过去叫"目录"，现在叫"菜单"；

过去叫"隐蔽"，现在叫"雪藏"；

过去叫"家蹲儿"，现在叫"宅男"；

过去叫"痛快"，现在叫"爽歪歪"；

过去叫"发疯耍泼"，现在叫"非理性亢奋"；

过去叫"以前"，现在叫"过往"；

过去叫"精瘦"，现在叫"骨感"；

过去叫"减肥"，现在叫"塑身"；

过去叫"叫花子"，现在叫"犀利哥"；

过去叫"半老徐娘"，现在叫"资深美女"；

过去叫"张扬"，现在叫"刷存在感"；

过去叫"搞小团伙"，现在叫"建朋友圈儿"；

过去叫"关系紧密"，现在叫"零距离接触"；

过去叫"铁哥儿们"，现在叫"战略合作伙伴"；

过去叫"沉默",现在叫"潜水";

过去叫"欣赏",现在叫"点赞",等等。

毫无疑问,这些热词都冒着热气儿,带有一种新鲜感和新奇感,让人觉得挺好玩儿。正因为如此,人们才对这类语言发生兴趣,同时,也不由自主地跟着说,无形之中起到了传播的作用,使它很快成为新的流行语。

细琢磨,网络时代的热词,第一个来源肯定是网络。因为人们的生活已经被"网"住了,您想不沾"网",或者脱离"网"几乎是不可能的。当七八十岁的老人都离不开手机的时候,您就明白什么是网络时代了。

网络时代的主要信息传播手段是微信、微博。几年前,有个词叫"一网打尽",意思是不用看报看电视,要知天下事,只要上网,全都能知道。现在是"一微打尽",手机微信已经一统天下,微信的编辑叫"小编",微信的写手叫"大V""公知",还有一批"段子手""喷子"等,他们几乎每天都能制造出热词来炫目,赢得点击率。

86."热词"是为抓眼球

网络是一个实用空间,又是一个虚拟世界,说起来这也算不上有多么神秘。但网络的所有信息都是通过语言传播的,所以在这个玄妙的空间,要想吸引网民的眼球,就要制造热词。网络的热词是怎么造出来的呢?

一、是利用熟语、成语的谐音,制造出一些新词儿,以满足网民的猎奇心,比如"神马都是浮云",是"什么都是浮云"的翻版,把"什么"变身"神马",自然透着吸引眼球的意思。

"酱紫",是港台腔"这样子"的发音,变成"酱紫",固然让人觉得新奇。此外,还有:

飘扬(表扬)、木有(没有)、砖家(专家)、可耐(可爱)、小公举(小公主)、妹纸(妹子)、帅锅(帅哥)、大虾(大侠)、杯具(悲剧)、叨理(道理)、表(不要)、表死(不要死)、艾玛(哎呀妈呀)、肿么啦(怎么啦)、围脖(微博)、童鞋(同学)、你造(你知道),等等。

当然,一个新词变成热词后,根据这个词的意思和创意,还会制造出一些更新的词儿，如"杯具"（悲剧）之后，又有"洗具"（喜剧）、"餐具"（惨剧）、"茶具"（差距）等。

二、是用诙谐的手法，将本来让人难堪的词儿或讥讽嘲弄人的词儿，反过来用谐音说，如"菌男"，看上去好像是俊男，实则是"丑男"的意思；"霉女"，看上去以为是美女，实际上是"丑女"。

三、采用形象比喻的手法来"抓哏"，把人们所熟知的词赋予新意，如"围观"，原本是围过来观看的意思，到了网上却成了"引起注意并议论"；"打酱油"在网上则是"从这儿路过看两眼，与己无关"。

此外，还有：给力（给劲、带劲）、屌丝（倒霉蛋）、山寨（抄袭、模仿）、菜鸟（半瓶子醋）、晒（在网上公布自己的隐私，包括照片）、狂晒（不停地晒）、发红包（撒钱）、人肉搜索（利用互联网查找某人的所有信息）、萌萌哒（可爱）、棒棒哒（非常好）、拉黑（删除通讯录上的人名）、驴友（旅游爱好者）、吐槽（议论）、做掉（干掉）、炫娃（夸耀孩子）、截图党（专门在网上截图下载的一帮人）、人间蒸发（消失）、骨灰级（非常老资格的人）、冒泡（露头），等等。

四、将一些难听的骂人的话，利用谐音或汉语拼音的字母来代替，如牛掰、我靠、特么、马拉戈壁、尼玛、卧槽、啥比、煞笔、逗比、草尼玛、人渣、牛比、刀比、TM，等等。这类语言一般只在微博和微信上出现，因为这些脏字儿虽然改头换面，但已被人们熟知，所以在大众化的媒体上是不敢露面儿的。

87. 年一过"词儿"就凉

热词的另外一个来源是：社会的热点问题和突发事件。突发事件往往是社会的热点问题，但有些与老百姓生活息息相关的事并非突发。总之，热点问题自然会引起热议，网络时代的热议，跟以前人们对社会新闻的热议不一样，网络空间使人人享有发言权，三言两语即可表明自己的态度，所以给各种热词创造了生存的语境。

比如，南方某地的官员在指挥救灾抢险时的照片晒到网上后，网民发现他戴的手表是国际名牌，有人曝光后，人们在网上搜索这位官员过去的工作照，猛然发现他在不同场合戴的是不同的手表，而且都是国际名牌。一块名表几十万人民币，一个县级领导每月工资多少钱？于是引起热议。

后来，经有关部门调查，原来此官素有收藏世界名表的嗜好，行贿者投其所好，几年之间，此官贪污受贿上千万，自然被"双规"，此官因手表而败露恶行，被网民嘲讽为"表哥"。

"表哥"变为热词后,凡有这种特立独行的古怪的人和事儿,人们就封他为"哥"。山东有个种菜的小伙子穿着军大衣,到央视参加唱歌大赛,由于他唱得好,穿的大衣也有特色,所以被人们称之为"大衣哥"。有个乞丐,穿着破衣烂衫,却长得很帅,走路也有风度,在网上曝光后,被网民戏称为"犀利哥"。

这种因人因事儿而产生"热词"的例子非常多,2017年前,俄罗斯总统普京在G20峰会上,为德国总理默克尔披衣的镜头见诸报端,被网民称之为"暖男"。很快,"暖男"成为热词,人们把对女士进行关照的男士都称为"暖男"。

此外,像"族""霸""侠""飙""妹"等都因为具体事件,成为热词。

现在,几乎每年年底,网上都要搞"十大热词"或"十大网络用语"的评选。

人们爱用的网络用语,如:"重要的事情说三遍""你们城里人真会玩""世界那么大,我想去看看""明明可以靠脸吃饭,却偏偏靠才华""吓死宝宝了""主要看气质""求×××心理阴影面积""我想静静""内心几乎是崩溃的""你大爷还是你大爷"。

您看这些"热词"和网络用语,几乎都出自当年的热点话题和热点新闻,凡是经历者都会有印象。从这点就能看出热词的特性,就是一个"热"。

当然,热乎的东西热得快,凉得也快。

像2016年,刚过了一半,网友们就汇总了"十大热词",

有:"猴赛雷"(广东话"好犀利"的谐音)、"A4腰"(小蛮腰)、"熔断机制"、"生活不止眼前的苟且",等等。到2017年,这些热词就不那么热了,到现在,这些曾经的热词也就成了"凉词",几乎没人说了。

88. 热词是由北京话衍化的

有些朋友以为热词是时尚和潮流的产物,是对老词的挑战和背叛,其实这种认识是失之偏颇的。没错儿,热词带有某种新的意识,因为它带着热乎气,也因为它新颖独特,所以容易夺人眼球。从某种意义上说,热词是对老词的一种颠覆。

但是您别忘了那句话:树有根,水有源。热词再热,它也是词儿,不是白薯或山药,烤熟了,一剥皮您把它吃到肚子里就完事了。是词都有根,热词的根就是北京话。所以说,热词瞅着热闹,但万变不离其宗,折腾来折腾去没离开北京话。

其实,除了那些由新鲜事物产生的热词以外,其他所谓热词,几乎都能在北京话里找到出处。比如"喷子"这个热词,是指网上那些愤世嫉俗、逮谁骂谁的主儿。有人以为这是新词,其实这个词在《金瓶梅》里就有了,也是张口骂人的意思。北京人管人说话时满嘴污言秽语叫"喷粪",而生活中有一种给花上水的物件就叫"喷子",可见这是把北京土话给发扬光大了。

还有"吃货"这个词儿,在北京土话里,是带有贬义的,北京人管吃饭不办事或办不成事儿的人叫"吃货"。但变为热词后,它成了带有调侃意味的"美食家"了。可见有些热词不光取自北京土话,而且对土话还尽取所需,随意"窜改",如同现在有些商家为达到广告宣传的效果,任意窜改成语,如:"十全十美"改成"食全食美";"锦上添花"改成"景上添花";"进京赶考"改为"进京敢烤"一样。

当然,有的热词是来自熟语的,比如"二货"这个词,就来自"二百五"。在北京土话里,"二"本身就是"二百五"的缩写,进入热词序列后,生发出许多词儿,如"煞二"等。

诸位有所不知,有些热词的词根出自明清时期的北京土语。如"立马儿",在《金瓶梅》里,就有"立马盖桥"。"爷"在北京话里是礼貌用语,如姓张的叫"张爷",姓李的叫"李爷",在现在的热词里则带有调侃的意味,如"板儿爷""侃爷""膀爷""的爷"等。

其实,这种叫法并非现代才有,早在明代,京城的爷们儿之间已然这么称呼了。明代小说《醒世姻缘传》里有这样一段描写:"京中人不叫'爷'不说话的所在,山东虽是粗浊,但是向人低声下气称呼他'爷',然后问他,他自然有人和你说知所以。"可见当时"爷"已经是热词了。

网络时代使人们的语言交流有了非常广阔的空间,从"伊妹儿"、网上聊天,到现在的微博、微信,网络语言越来越大众化，一个个热词不断出现。

  毫无疑问，这些热词带有明显的京味儿语言特色，虽然我们不能把热词一股脑儿归纳到北京话这儿，但许多热词经过北京话的"归置"以后，就会很自然地纳入北京话系统里来。

  但网络上出现的热词，因为"热"，带有随意性和局限性的特点，所以有些搞笑或自攒的热词，如有话不好好说，有字不好好写的什么"童鞋""木有""逗逼""卧靠"之类，往往不被大众认可和接受。

  前两年比较流行的热词"囧"，最早是网友造的一个象形字，形容自己窘迫不安、无可奈何的样子，它被赋予"郁闷、悲伤、无奈"之意。虽然在网上人人皆知，但并没被大众认可，而且也没得到权威机构国家评委的认同，所以，这个"囧"字恐怕一时半会儿进不了《现代汉语词典》。

  有些热词经媒体、文艺作品（如相声、小品、戏剧、影视等）的传播，很快在大众中流传，但这些热词跟北京土话不是一回事。有的热词往往因热点新闻而产生，所以很难有长久的生命力。这一点，是要分清的。

  北京土语的形成，有着非常雄厚的群众基础，也有一个缓慢的形成过程，所以它一旦被北京人认可，约定俗成，便具有一定的生命力。一句土话至少能"活"一百年，三代人吧。

  从某种意义上说，热词对北京话的推陈出新起到了不可忽视的作用。它的出现，有力地促进了北京话在网络时代的更新换代。当然，在相互影响下，热词也丰富了北京的新土语。

89. 北京话的几个特点

有人以为能说儿化韵，再会说几句北京土话，就算会说北京话了，其实这是把北京话看得太简单了。您从我们在前边讲的那么多有关北京话的内容，大概能看出北京话的起源、形成的过程、它的地位以及深厚的文化底蕴和内涵。

毫无疑问，北京话作为北京的方言土语，直接反映了北京地区的政治经济、历史文化、风土民情以及人的性格，具有鲜明的地域特点。纵观北京话的形成和发展过程，可以看出它具有以下几个特点：

一、具有历史的沧桑感和古朴的文化厚重感。北京话的形成与北京的历史发展是分不开的。咱们前边已说，北京有3000多年的建城史，有800多年的建都史，北京从历史上说就是一座五方杂处、多民族相融的移民城市。天子脚下，规矩多，礼数大，而首善之区的都城优越感，使扎根于民间的北京话，带有皇城气派与市井文化的方言感。

由于独特的历史文化，北京话融合了契丹、女真、蒙古、满族、汉族等多民族的语言,形成了独具特色的京味儿。这种独特的京味儿语言运用到文学作品中,便使作品具有了浓郁的皇城气派与市井文化相交融的特色,典型的例子就是曹雪芹的小说《红楼梦》和老舍的话剧《茶馆》。

随便举《红楼梦》里的一句话:"连个明公正道的屋里人都没熬么上,不过丫头而已。""明公正道"是中规中矩、正经、正式、不胡来的意思,"屋里人"是自己人的意思,"熬么上"是混上的意思。

您从这句话的语气里,可以体会到皇家的气派和官场的风习来,包含着正统的做人要中规中矩的理念和人要出人头地的观念,如果熬么不上去,就会被人看不起的世俗心态。

再比如北京话形容一个人虚伪会说:"这个人可是个假科李。""假科李"这个词儿元代就有了,最初的意思是:有人给你送东西或者请你出去吃饭,你心里特别愿意,但又假装说不想去。为什么说假科里呢?原来它的出处是:假科介,过去戏曲里的科介,都是虚假的礼节。还有一说是:从前有一个姓李的人,以做假招子的虚伪事闻名,所以人们叫他"假科李"。

您看,一个很简单的词,却有这么多的典故,也能从中体会到京城的世俗,以及北京人爱面子的性格特点。

二、体现了帝都子民的大气。北京话出自北京人之口,作为帝都子民,北京人从骨子里就带有一种居高临下的气势。在老北京人那儿,甭管干什么的,说出话来都有舍我其谁的"爷"的劲头儿,这种大气并非趾高气扬,而是生活在皇上眼皮底下，经得多见得广的一种气势。

当然，这种帝都子民的大气，自然会体现在言谈话语之中，比如在北京土话里用"大"的词儿就非常多："大拿""大腕儿""大手笔""大买家""大行市""大马金刀"等。还有那个非常有名的"爷"字，也许只有北京人才敢有这种称谓。

大量的北京土话也能体现出这种大气。比如，北京人管东西便宜叫"这东西秀气"，管东西价高叫"您真看得起我"。由此可以看出，北京人说话的底气来。

三、蕴含着达观和明理的包容性。由于北京自古以来就是移民城市，这里汇聚着天南海北的人，包括外国人。人们在交往之中，必然会使不同的语系，不同的方言土语发生碰撞，但作为城市的主体语言，不同的群体会在语言的碰撞中，感受到北京话的包容性。这种包容就像北京这座城市对外地人的吸纳一样，任何人都可以在这座城市找到自己的位置。

虽然北京话是主体语言，是根儿，但它所具有的包容性，会把不同地区的方言纳入自己可接受的范围，并为我所用。

从北京话里，我们可以找出许多地方的方言，包括少数民族语言和外来语，比如：胡同、猫腻、咯楞瓣儿、埋单、嘚瑟、打的、搂西、拜拜，等等。

四、平铺直叙的大白话。北京话是接地气的语言，它扎根于帝都文化与市井文化相交融的沃土，脱胎于质朴纯真的百姓口语，所以许多词语毫无雕饰性和晦涩感，由于字正腔圆，带有京腔京韵，显得非常生动，又明白易懂。为什么普通话以北京话为标准发音？这是经过语言专家反复论证的。

北京人的性格豪爽真率，说话喜欢直来直去，讨厌虚情假意、说话来回兜圈子，也腻歪酸文假醋、装腔作势。北京人认为待人真诚，就要袒露胸襟，说话不掖着藏着，所以崇尚真情表白，因此北京话多以大白话的方式来体现其意。例如北京话里的动词"打"，很平常的字，组合成了许多词语："打镲""打水漂儿""打眼""打喜儿""打游飞""打远儿""打脸""打歇儿""打哈哈""打的"等，都是很直白的话。

京味儿作家在创作中使用的京味儿语言，其实就是大白话，这种抛弃华丽的辞藻，用直白的叙述语言更接地气，仿佛是在同读者对话交流，让人读之倍感亲切。这大概也是北京话的魅力所在。

五、语言诙谐幽默，腔调风趣活泼，这是北京话招人喜爱的地方。许多外地人对北京人说话的感受是逗、贫、好玩儿。是的，为什么相声、小品、大鼓等多种引人入胜的曲艺来自北京话？就因为北京话幽默，而且有灵动感，看似寻常，实则含义深刻、耐人寻味。

您只有弄清楚北京话的这些特质，才能真正理解北京话，也才能说好北京话。

90. 学说北京话并不难

许多外地人，尤其是长江以南地区的人，认为北京话好听不好说，也不好学，所以，有些南方人在北京住了几十年，也不会说北京话，乡音未改。

其实，北京话并不难学，只要您真心想学，没有学不会的。咱们前边说过，许多欧美人，甚至非洲人，在北京生活五六年，就能说一口流利的北京话。现在小学中学都学普通话，有普通话打底儿，您甭再捋舌头，学说北京话就不用皱眉头了。

话又说回来，即便您是纯北京人，也并不是与生俱来一张嘴就能说北京话的，虽然有一定的语言环境，但您不留心学，也照样口儿生。

老北京人为什么都能说一口娴熟的北京话呢？也是一点一点积累而成的。除了有语言交流的大环境以外，主要有三种途径：

一是老人们的口传，家里如果是老北京，那么，您不用找人学，自然就会说北京土话。

　　因为您从小耳濡目染，长辈们每天都说的土话，还用专门去学吗？当然生活在胡同大杂院，见天跟街坊四邻的老北京们生活在一起，听多了，自然也就会说北京土话了。

　　二是从评书、相声、大鼓、琴书等曲艺节目，京剧、评剧等戏曲节目，以及影视作品中，也能学到很多北京土话。

　　这些北方的文艺形式，在道白、念白，尤其是评书的口语方面，基本上用的是北京话，或者是经过加工的普通话。有些流行语也是从电影和电视剧，以及小品的经典台词这儿来的。

　　三是从文学作品中学习北京话，文学作品主要指小说，它们对传播北京土话起到了很重要的作用。

　　曹雪芹的《红楼梦》、老舍的《茶馆》《骆驼祥子》等京味儿作家的文学作品里，有大量的老北京土话，如《红楼梦》里的"这程子"（这阵子）、"排插儿"（也叫"排叉儿"，油炸的薄脆）、"刚口"、"硬朗"、"鼓捣"、"抓（读 chuǎ）子儿"、"胳肢"（挠人腋下使之发痒）、"歪了腿"、"鲫瓜子"（鲫鱼）、"胡吣"（胡说）、"颠儿"（走）、"爬拉"（扒拉）、"展样"等等。

　　这些方言土语，冷不丁一看或一听，可能会犯蒙，您得慢慢儿去体会。什么时候咂摸出味儿了，您自然就会把它放嘴边儿上了。

　　北京不论是在历史上，还是现在都是一个移民城市，又是首都，所以北京话的应用性非常广。外地人初来北京，也许觉得北京土话听不太懂,但如果在北京踏踏实实生活几年以后,跟北京人语言交流的时间长了,您不但能听懂北京话,而且自己也跟着说了。当然,还是那句话:您得真心学。